जननायक हो चि मिन्ह और भारत

जननायक हो चि मिन्ह और भारत

गीतेश शर्मा

संपादक

कुसुम जैन

प्रेम कपूर

राजकमल प्रकाशन

नयी दिल्ली पटना इलाहाबाद कोलकाता

ISBN : 978-81-267-2597-7

मूल्य : ₹ 350

पहला संस्करण : 2014

प्रकाशक : राजकमल प्रकाशन प्रा. लि.
1-बी, नेताजी सुभाष मार्ग, दरियागंज
नई दिल्ली-110 002

शाखाएं : अशोक राजपथ, साइंस कॉलेज के सामने, पटना-800 006
पहली मंज़िल, दरबारी बिल्डिंग, महात्मा गांधी मार्ग, इलाहाबाद-211 001
36 ए, शेक्सपियर सरणी, कोलकाता-700 017

वेबसाइट : www.rajkamalprakashan.com
ई-मेल : info@rajkamalprakashan.com

आवरण : अशोक वर्मा

मुद्रक : बी.के. ऑफ़सेट
नवीन शाहदरा, दिल्ली-110 032

JANNAYAK HO CHI MINH AUR BHARAT
by Geetesh Sharma
Edited by Kusum Jain, Prem Kapoor

Dr. Karan Singh
MEMBER OF PARLIAMENT
(RAJYA SABHA)

3. NYAYA MARG
CHANAKYAPURI
NEW DELHI - 110 021

दो शब्द

प्रधानमंत्री पंडित जवाहरलाल नेहरू के आमंत्रण पर 1958 में वियतनाम जनतांत्रिक के राष्ट्रपति डॉ. हो चि मिन्ह भारत की राजकीय यात्रा पर पधारे थे। उक्त अवसर पर मुझे उनसे मिलने का सौभाग्य प्राप्त हुआ था। बातचीत के दौरान मैंने उनको जम्मू-कश्मीर आने का निमंत्रण दिया, तो उन्होंने छूटते ही कहा मेरी आने की बहुत इच्छा है परंतु भारत सरकार ने जो कार्यक्रम निर्धारित किया है उसे देखते हुए इस बार यह संभव नहीं। भविष्य में भारत आने का अवसर मिला तो अवश्य आऊंगा। जिन दो महान विभूतियों की सादगी और सरल सहज व्यक्तित्व ने मुझे प्रभावित किया वे हैं महात्मा गांधी और हो चि मिन्ह। बहुआयामी व्यक्तित्व और कृतित्व के धनी हो चि मिन्ह सरीखे व्यक्ति किसी देश-विशेष की थाती नहीं, बल्कि संपूर्ण मानव जाति की धरोहर होते हैं।

भारत के प्रति उनका विशेष लगाव था। 1927 में ब्रसेल्स में उनकी मुलाकात पंडित मोतीलाल नेहरू से हुई थी और 1943 में जब वह चीन की जेल में बंदी थे तो उन्होंने भारत में ब्रिटिश उपनिवेश के कारागार में बंदी पंडित जवाहरलाल नेहरू पर एक कविता लिखी थी जिसमें उन्होंने अपने भाव अभिव्यक्त करते हुए लिखा था :-

हजारों मील की है दूरी हम मिले नहीं कभी भी
पर संपर्क में हैं हम शब्दों के बिना भी
तुम्हें और मुझे जोड़ते हैं साझे विचार
कमी है तो बस एक व्यक्तिगत भेंट की

महात्मा गांधी के विचारों से वह विशेष रूप से प्रभावित थे। अहिंसा में उनका विश्वास था तथा दुश्मन के हृदय परिवर्तन की सतत् चेष्टा होती रहनी चाहिए यह उनकी मान्यता थी, किंतु हर चेष्टा के बावजूद यदि ये प्रयास असफल हों तो देश की मुक्ति के लिए अंतिम उपाय के रूप में हथियार उठाया जा सकता है।

हो. चि. मिन्ह की एक विशेषता यह भी थी कि वह जिन आदर्शों सिद्धांतों को मानते थे उन्हें पहले अपने जीवन में ढालते थे, उन पर चलते थे, और तब दूसरों से उनका पालन करने की बात कहते थे जिसका जनता पर जादुई असर होता था।

यह दुर्भाग्यजनक है कि ऐसे प्रेरक व्यक्तित्व की समुचित जीवनी हिंदी में उपलब्ध नहीं है। इस दिशा में लेखक का यह प्रयास निश्चित रूप से सराहे जाने योग्य है एवं यह प्रयास भारत और वियतनाम के लोगों की भावात्मक एकता को पुष्ट करने में महती भूमिका अदा करेगा।

विगत चार दशकों से गीतेश शर्मा दोनों देशों के बीच निरंतर एक सेतु का कार्य करते रहे हैं, निश्चित रूप से इस कृति के लिए वे बधाई के पात्र हैं।

कर्ण सिंह

रविवार, दिनांक 3 नवम्बर, 2013
शुभ दीपावली, नई दिल्ली

(कर्ण सिंह)

Tel. : 611-1744, 611-5291 Fax : 687-3171
E-mail : karansingh@karansingh.com

लेखकीय

हो चि मिन्ह के सिद्धान्त, आदर्श तथा उनका प्रेरणादायक व्यक्तित्व केवल वियतनाम और वियतनामी जनता की विरासत नहीं, समस्त मानव-जाति की धरोहर हैं।

उन्होंने मार्क्सवाद-लेनिनवाद को वियतनाम की परिस्थितियों के अनुकूल ढाला या यूं कहें तो ज्यादा उचित होगा कि उसका वियतनामीकरण किया, देश-प्रेम को देश-भक्ति के साथ जोड़ा, पर जन को केन्द्र में रखा। साथ ही अन्तर्राष्ट्रीय परिप्रेक्ष्य में शोषित-पीड़ित जनता की पूर्ण स्वतंत्रता की अवधारणा के साथ जोड़ा।

भारत में हो चि मिन्ह की प्रशस्ति तो बहुत की गई, उनकी याद में कसीदे पढ़े गये, पर हो के दर्शन, उनकी जीवन-शैली, सिद्धान्तों-आदर्शों पर न तो कोई गंभीर पुस्तक आई, न ही उन्हें सही परिप्रेक्ष्य में समझने की गम्भीर चेष्टा की गई।

भारत के वामपंथी जब मार्क्सवाद, लेनिनवाद और माओवाद की चर्चा करते हैं तो हो की लगभग उपेक्षा करते रहे हैं। हो को सही परिप्रेक्ष्य में समझा गया होता तो वह व उनके आदर्श व सिद्धान्त देशकाल की परिस्थितियों से औरों की तुलना में कहीं ज्यादा ग्रहण योग्य होते। और हो को वामपंथी ही नहीं अन्य राजनीतिक दल भी ज्यादा नजदीक पाते।

साठ सत्तर के दशक में हो भारत में सर्वाधिक लोकप्रिय राजनेता थे। उस काल में लगभग समस्त भारतीय भाषाओं में

हो की अधिक जीवनियां लिखी गईं। उनकी प्रशस्ति में सैकड़ों नहीं हजारों कविताएं लिखी गईं। हो जनयुद्ध, जन मुक्ति, जनक्रांति के पर्याय बन गए थे। वियतनाम के मुक्तियोद्धा व हो जनगण के हृदय सम्राट के समान पूजे जाते थे।

यदि हो चि मिन्ह को ठीक से जाना जाए, पढ़ा जाए तो चाहे जिस भी राजनीतिक विचार-धारा के लोग हों, अगर उनका सरोकार आम जनता से है, तो उनसे बहुत कुछ सीख सकते हैं, ग्रहण कर सकते हैं।

न्याय, समता पर आधारित एक स्वस्थ समाज के गठन के लिए हो चि मिन्ह के विचार, उनकी नीतियां, भारत के संदर्भ में भी आज की परिस्थितियों में अत्यंत प्रासंगिक हैं।

इसी दृष्टि से उनके व्यक्तित्व और कृतित्व का संक्षिप्त लेखा-जोखा इस पुस्तक में प्रस्तुत किया गया है। यह पुस्तक जन-केन्द्रित राजनीति करने वाले नेताओं, कार्यकर्ताओं, बुद्धिजीवियों व आम पाठकों के लिए उपयोगी होगी ऐसा हमारा विश्वास है।

मैं दिलीप बनर्जी, ऐरी आग्ने (लन्दन) तथा पत्रकार ली-मिन्ह का आभारी हूँ, पुस्तक के लिए सामग्री मुहैया कराने के लिए। राजकमल के अशोक माहेश्वरी का आभार, जिनके सहयोग से प्रकाशन सम्भव हो पाया।

–गीतेश शर्मा

अनुक्रम

जीवन परिचय

मैं उन्नीस वर्ष का युवक था जब मैंने पहली और आखिरी बार हो चि मिन्ह को देखा था। दूर से भीड़ में खड़े-खड़े। एक झलक देखने के लिए एवं उनका स्वागत करने के लिए सड़क के दोनों ओर के फुटपाथ पर लोग खड़े थे। उन्हें देख लोग भाव-विह्वल और अभिभूत थे। हो चि मिन्ह के कुशल नेतृत्व में वियतनामी जनता ने जिस बहादुरी से फ्रांस जैसी बड़ी औपनिवेशिक सत्ता का मुकाबला कर परास्त किया, दुनिया की क्रांतिकारी शक्तियों के लिए वह एक मिसाल एवं आशा की किरण थी। और तत्पश्चात् जनतांत्रिक गणतंत्र वियतनाम की स्थापना ने सारी दुनिया के लिए उन्हें एक मिसाल बना दिया। भारत की जनता के तो वे विशेष चहेते बन उनके हृदय में अपनी जगह बना चुके थे। मेरे हृदय में भी तब से उनकी प्रति गहरी श्रद्धा है और मरते दम तक रहेगी। बड़े भाग्य से ऐसा नेता किसी देश में पैदा होता है और जहां पैदा होता है, उस देश के लोगों का तो भाग्य ही बदल जाता है। भाग्य बदलने वाला कोई भगवान नहीं होता। बदलते हैं, गांधी, नेहरू, हो चि मिन्ह, लेनिन, चे-ग्वारा, फिदेल कास्त्रो, ऊगो चावेज जैसे क्रांतिकारी नेता जो जनता के भीतर दमन, शोषण, अन्याय और दासता के विरुद्ध लड़ने और बलिदान देने का जज्बा पैदा करते हैं। हो चि मिन्ह अपने देश की मिट्टी को, पहाड़ों, नदियों-समुद्र को और कहीं अपने लोगों को बेइंतहा प्यार करते थे। वे इस बात को अच्छी तरह समझते थे कि देश केवल भौगोलिक सीमा से नहीं बल्कि वहां के आवाम से बनता है। इसीलिए हो चि मिन्ह की देशभक्ति में देश और वहां की जनता, दोनों का प्यार एक-दूसरे में घुल-मिल गया था।

जीवन के बयासी से अधिक बसंत देख चुका हूं। अब बस एक ही इच्छा शेष है, वह है हो चि मिन्ह की जीवनी लिखना। वह मेरे आदर्श पुरुष, मेरे आइकॉन जो रहे हैं। हां, उनकी जीवनी पूरी किए बिना, अगर इस दुनिया से कूच कर जाता हूं तो इसे पूरा न कर पाने का दुख साथ लेकर जाऊंगा।

हो चि मिन्ह की जीवनी लिखना मैं, कई कारणों से, अपना कर्तव्य भी समझता रहा हूं और उत्तरदायित्व भी।

बीसवीं सदी में एशिया की भूमि पर एक से बढ़कर एक महापुरुष पैदा हुए जिन्होंने अपने व्यक्तित्व और कृतित्व की अमिट छाप छोड़ी, महादेश के विभिन्न अंचलों में सदियों से चली आ रही रूढ़िगत परंपराओं, आर्थिक-सामाजिक संरचना और राजनीति पर कुठाराघात किया और इनमें परिवर्तन की प्रक्रिया में सक्रिय भूमिका निभाई।

इन महापुरुषों में महात्मा गांधी, जवाहर लाल नेहरू, हो चि मिन्ह, माओ त्से तुंग और किम इल सुंग के नाम उल्लेखनीय हैं।

महात्मा गांधी ने स्वावलंबन, सत्य के प्रति आग्रह, अहिंसा और सांप्रादायिक सद्भाव के आदर्शों-सिद्धान्तों पर आधारित एक समाज की परिकल्पना की। जीवन पर्यंत वे इस दिशा में सचेष्ट और सक्रिय रहे। परंतु क्या वे अपनी परिकल्पना को साकार कर पाए? जवाब होगा—नहीं।

जवाहर लाल नेहरू समाजवादी आदर्शों के प्रति समर्पित थे। स्वतंत्र भारत में न्याय व समता पर आधारित एक आधुनिक उन्नत भारत का वे स्वप्न देखते थे। अपने प्रधानमंत्रित्वकाल में उन्होंने इस दिशा में कुछ प्रयास भी किए। वैज्ञानिक मानसिकता में उनका अटूट विश्वास था, अंध-विश्वास के विकल्प के रूप में। यहां भी प्रश्न उठता है कि क्या वे सफल हुए?

माओ त्से तुंग के नेतृत्व में चीन की कम्युनिस्ट पार्टी ने किसानों को साथ लेकर क्रांति की और सफलता प्राप्त की। उनका स्वप्न था—हर दृष्टि से चीन को एक समाजवादी राष्ट्र बनाना और समाजवादी क्रांति को चीन तक सीमित न रख दुनिया के तमाम शोषित-पीड़ित वर्गों को एकजुट कर समाजवादी व्यवस्था के तले लाना। माओ जब तक सत्ता में रहे, शुद्धिकरण

के नाम पर जिस सांस्कृतिक क्रांति की शुरुआत की उसके परिणामस्वरूप हजारों लोग मारे गए, लाखों को अपदस्थ कर उन्हें अमानवीय शारीरिक यातना दी गई, बेघरबार कर परिवार से अलग किया गया। समाजवादी व्यवस्था के स्थान पर पार्टी की तानाशाही ने अपनी जड़ें जमाईं।

उनके कार्यकाल में चीन में अकाल पड़ा और पार्टी द्वारा अपनाई गई गलत आर्थिक नीति के परिणामस्वरूप दसियों लाख लोग अकाल मृत्यु को प्राप्त हुए।

किम इल सुंग ने समाजवादी आदर्शों के तहत उनके अधीनस्थ उत्तर कोरिया में समाजवादी समाज की स्थापना का दावा किया। अपने जीवनकाल में वे एक तानाशाह रहे और उनकी पूरी चेष्टा परिवारवाद को पुष्ट करने की रही। आज कोरिया में उनका पौत्र सत्ताधीश है। इसलिए नहीं कि जनता ने उसे नेतृत्व सौंपा है, बल्कि इसलिए कि पूरा तंत्र वंशानुगत एक परिवार की जागीर के रूप में रहता चला आ रहा है।

हो चि मिन्ह के व्यक्तित्व और कृतित्व पर जब हम दृष्टिपात करते हैं तो उपरोक्त महापुरुषों की तुलना में उन्हें हम एक विरल व्यक्ति के रूप में पाते हैं।

पहली बात तो यह कि उनका सारा जीवन, किशोरावस्था से मृत्यु पर्यंत, संघर्षपूर्ण रहा। उन्होंने स्कूल-कॉलेज या विश्वविद्यालय में औपचारिक शिक्षा ग्रहण नहीं की बल्कि एक अति साधारण व्यक्ति के रूप में देश-विदेश की विभिन्न यात्राओं के दौरान विभिन्न प्रकार की व्यवस्थाओं (साम्राज्यवादी, औपनिवेशिक, फासीवादी, तानाशाही आदि) और उनके अंतर्गत पल रहे, पिस रहे शोषित पीड़ित समाज से अनुभव बटोरते रहे।

हो चि मिन्ह ने जिन आदर्शों-सिद्धान्तों की वकालत की, उनको सबसे पहले अपने जीवन में ढाला और फिर लोगों से उस राह पर चलने का आह्वान किया। कथनी और करनी में उन्होंने कभी अंतर नहीं किया।

मार्क्सवाद और लेनिन के सिद्धान्तों में उनकी पूर्ण आस्था थी और उनका विश्वास था कि इन सिद्धान्तों-आदर्शों पर आधारित व्यवस्था के तहत ही एक शोषणमुक्त व न्याय-समता पर आधारित समाज की स्थापना की जा सकती है। किन्तु उनका यह भी मानना था कि इन सिद्धान्तों का

अंधानुकरण करने या इनकी प्रशस्ति मात्र करने से बात नहीं बनेगी। देश-काल के अनुसार वहां व्याप्त परिस्थितियों के अनुरूप सिद्धान्तों को ढालना आवश्यक है। कठमुल्लेपन और अंधानुकरण के वे विरोधी थे।

हो चि मिन्ह ने कभी धर्म पर सीधे प्रहार नहीं किया, पर धर्म को हाशिये पर ला खड़ा किया। उन्होंने सर्वोच्च स्थान राष्ट्र तथा राष्ट्र के लोगों को दिया, धर्म मानने वाले तथा धर्म को न मानने वालों को छूट दी पर संविधान के अंतर्गत।

बौद्ध प्रधान देश होते हुए वियतनाम में धर्म के नाम पर किसी प्रकार के अवकाश का प्रावधान नहीं है।

हो चि मिन्ह का सपना सही अर्थों में धर्म-निरपेक्ष समाज का गठन करना था, जो उनके जीवन काल में ही साकार हो गया।

उनका यह भी मानना था कि कोई भी सिद्धान्त या दर्शन या साहित्य हर बात इतनी सरल, सुबोध भाषा में कही और लिखी जाए कि वह आम आदमी के सिर के ऊपर से न गुजरे, उसके हृदय में पैठ सके।

उन्होंने कहा ही नहीं बल्कि जो कुछ भी लिखा वह सहज ही लिखा, चाहे वह राजनीतिक दर्शन हो या कविता या नाटक आदि।

वे अच्छा रेखाचित्र और कार्टून बनाते थे और मजे की बात यह है कि इसके केंद्र में आम आदमी होता था, जैसे रिक्शा-चालक आदि।

आडम्बर में उनका कतई विश्वास न था। उन्होंने हमेशा सादगीपूर्ण जीवन जिया। राष्ट्रपति पद पर आसीन होते हुए भी वे राष्ट्रपति-भवन के पास एक साधारण से कुटियानुमा आवास में रहते थे, किसी भी प्रकार की शानोशौकत से दूर।

अपने और आम जन के बीच उन्होंने कभी कोई खाई पैदा होने नहीं दी। सबके लिए वे हमेशा सुलभ रहे। राष्ट्रपति जैसे सर्वोच्च पद के लिए निर्धारित आचार संहिता (Protocol) का उन्होंने कभी निर्वाह नहीं किया। देश हो या विदेश, वे हर किसी से अत्यंत सहज भाव से मिलते थे।

इन पंक्तियों के लेखक को याद है, 1958 में जब हो चि मिन्ह राष्ट्रपति के रूप में भारत की राजकीय यात्रा पर आये थे, तब दिल्ली के लाल किला में आयोजित नागरिक सम्मान-समारोह में उनके लिए निर्धारित

स्वर्णमंडित आसन पर तत्कालीन प्रधानमंत्री जवाहरलाल नेहरू के बार-बार आग्रह करने पर भी वे नहीं बैठे और अंततः सभी सम्मान्य अतिथियों के लिए मंच पर साधारण आसनों की व्यवस्था की गई।

भारत यात्रा के दौरान वे जहां-जहां भी गये, विशिष्ट व्यक्तियों के अलावा बैरे, चपरासी, माली, ड्राइवर आदि सभी से वे हार्दिकता से हाथ मिलाते थे, गले मिलते थे।

यूं तो उनके जीवन से जुड़ी अनेक घटनाएं हैं जो प्रेरणास्पद और अनुकरणीय हैं और जिनका जिक्र अन्यत्र किया जाएगा, परंतु दो ऐसी विशेष घटनाओं का जिक्र सबसे पहले करना चाहूंगा, जो विश्व इतिहास में बेमिसाल हैं।

हो चि मिन्ह का मानवीय संवेदनात्मक पक्ष विशेष रूप से उल्लेखनीय है। मनुष्य, मनुष्यता, मनुष्य के जीवन और उसकी मर्यादा को उन्होंने हमेशा प्राथमिकता दी। पहली घटना। सितंबर 1945। लंबे संघर्ष और अप्रतिम त्याग के पश्चात् वियतनाम औपचारिक तौर पर फ्रांस की औपनिवेशिक दासता से मुक्त हुआ। वियतनाम की गणतांत्रिक सरकार बनी, हो चि मिन्ह जिसके प्रथम राष्ट्रपति चुने गए। उस वक्त देश भीषण अकाल से जूझ रहा था। भूख से हजारों लोग दम तोड़ रहे थे।

हो चि मिन्ह ने उद्घोषणा की कि अकाल से निपटने के लिए देश के प्रत्येक नागरिक को सचेष्ट व प्रयत्नशील होना होगा। जहां भी जितनी भी जगह उपलब्ध हो, यहां तक कि आंगन या छत पर भी, अनाज के पौधे लगाएं और फौरी तौर पर ऐसे खाद्यान्न की खेती करें जो शीघ्रातिशीघ्र फसल दें, जैसे साग-सब्जी। साथ ही, जो भी अनाज घरों में, गोदामों में उपलब्ध है, उसे मिल-बांटकर खाएं। यकीन करें, देश की तमाम जनता उनके आह्वान पर पूरी ताकत और उत्साह से जुट गई और साल भर में अकाल पर काबू पा लिया गया और लाखों लोगों को मरने से बचा लिया गया।

सदियों से वियतनाम की सामाजिक व्यवस्था सामंतवादी रही है जो साम्राज्यवाद या पूंजीवाद से कम अमानवीय व शोषणकारी नहीं। हो चि मिन्ह ने साम्राज्यवाद और उपनिवेशवाद के साथ-साथ सामंतवाद के

विरुद्ध लड़ने के लिए भी जनता का आह्वान किया। उनका कहना था कि मनुष्य के लिए आजादी से अधिक मूल्यवान कुछ भी नहीं अतः हर कीमत पर इसकी रक्षा की जानी चाहिए। लिहाजा सामंतवाद के विरुद्ध भी उन्होंने उसी जद्दोजहद के साथ संघर्ष छेड़ा जैसा कि विदेशी आक्रमण और दासता से मुक्ति के लिए। हो चि मिन्ह के दूरदर्शी और सटीक नेतृत्व का ही यह परिणाम है कि आज वियतनामी समाज सामंती सोच और व्यवस्था से लगभग मुक्त है। न दफ्तरों में बैरे चपरासी हैं और न घरों में नौकर-दाई। यदि किसी कारणवश किसी परिवार विशेष में घरेलू-सहायक है तो उसके साथ परिवार के सदस्य के समकक्ष व्यवहार होता है।

बालिग युवक युवतियां अपने जीवन-साथी का चयन स्वयं करती हैं। विवाह के पूर्व संतानोत्पत्ति को हालांकि अच्छा नहीं माना जाता किन्तु बिना विवाह के हुई संतान को नाजायज नहीं माना जाता और उसे परिवारिक व सामाजिक मान्यता प्राप्त होती है।

श्रम का महत्त्व भी है और सम्मान भी वियतनाम में हर कोई अपना काम स्वयं करता है।

राजनीति में संवेदना और भावना का स्थान नहीं होता। विरल राजनीतिक नेता हुए हैं जिन्होंने संवेदना और भावना-युक्त राजनीति को, मानवीय पक्ष को प्राथमिकता दी। हो चि मिन्ह ऐसे ही एक विरल राजनेता थे। उनकी यह चेष्टा रहती थी कि शत्रु का भी हृदय जीता जाए। अपने अनुयायियों को वे कहा करते थे कि युद्धबंदियों को यातना देने के बजाय उनसे संवाद करो, उनके सामने अपना तर्कसंगत पक्ष रखो, उनका दिल जीतने की भरपूर चेष्टा करो। उनका यह प्रयास निरर्थक नहीं गया। अधिकतर युद्धबंदी रिहाई पर जब स्वदेश लौटते थे तब प्रायश्चित स्वरूप न केवल युद्ध का प्रतिवाद करते थे बल्कि युद्ध-पीड़ित वियतनामियों की राहत सामग्री आदि के माध्यम से सहायता करने की चेष्टा करते थे।

हो चि मिन्ह की भरसक यह चेष्टा रहती थी कि संवाद व समझौते के माध्यम से समस्या का हल ढूंढा जाए। आक्रमणकारी फ्रांसीसी व अमरीकी सरकारों के उच्चपदस्थ अधिकारियों से टेबुल पर बैठकर वे और उनके सहयोगी यह प्रयास करते रहते कि संभव हो तो बातचीत के माध्यम

से आक्रमण और युद्ध का हल ढूंढा जाए। परंतु साथ ही साथ पूरी ताकत और एकजुटता के साथ आक्रमणकारी शत्रुओं के मुकाबले में वियतनामी मुक्तियोद्धा कोई कसर भी नहीं छोड़ते थे।

हो चि मिन्ह के बारे में यह कहा जा सकता है कि वे अहिंसा व हृदय-परिवर्तन के पक्षधर थे, परंतु यदि आक्रमणकारी हिंसा पर उतारू हो तो अपनी पितृभूमि की मुक्ति और रक्षा के लिए उसके मुकाबले के लिए भी वे तत्पर रहते थे।

राष्ट्रपति होने के साथ-साथ वे सैन्य प्रमुख भी थे परंतु उनके लिए यह मात्र एक औपचारिक पद नहीं था। वे न केवल विदेशी हस्तक्षेपकारियों के विरुद्ध मुक्तियुद्ध की रणनीति तैयार करते थे बल्कि युद्ध के मैदान में एक सामान्य सैनिक की तरह मुक्तियोद्धाओं के साथ युद्ध में शामिल होकर उनका उत्साहवर्द्धन भी करते थे। युद्धक्षेत्र के दौरों के दौरान राष्ट्रपति और एक राजनेता होने के कारण उन्होंने न कोई विशेष सुविधा चाही और न ली। उनका यह बिरादराना व्यवहार मुक्तियोद्धाओं के दिल को छूता था।

युद्धकौशल में उन्हें महारत हासिल थी। सैन्य अधिकारियों को समय-समय पर वे यह सलाह देते थे कि किन विकट से विकट परिस्थितियों में किस कौशल से शत्रु का मुकाबला किया जाए।

सुदूर दक्षिण के इलाके में मुक्तियोद्धाओं को समय पर रसद और हथियार मिलते रहें इसके लिए घने जंगलों और पहाड़ियों के बीच से उनके निर्देश पर उत्तर से दक्षिण तक एक ऐसे मार्ग का निर्माण किया गया जिससे निर्बाध रूप से वाहनों का आवागमन होता रहे और उस पर शत्रुओं की नजर न पड़े। यही मार्ग बाद में हो चि मिन्ह ट्रेल के नाम से मशहूर हुआ। इस संदर्भ में यह तथ्य विशेष रूप से उल्लेखनीय है कि इस मार्ग के निर्माण में हजारों वियतनामियों ने दिन-रात एक कर अथक परिश्रम किया, परन्तु शत्रुओं को जरा सी भनक भी नहीं लगी। वियतनामी जनता की देशभक्ति का यह अनुपम और बेमिसाल उदाहरण है।

इतना ही नहीं शत्रु को भ्रम में डालने के लिए उपरोक्त मार्ग से कुछ दूरी पर एक समानांतर कच्ची सड़क का भी निर्माण किया गया ताकि शत्रु

को लगे कि मोर्चे पर लड़ रहे सैनिकों के लिए इसी सड़क से आमद-रफ्त होती है।

भूले-भटके मुख्य सड़क पर कभी कोई बम गिरा जाता तो पार्श्ववर्ती गांवों के लोग आनन-फानन में सैनिकों की मदद के लिए आ जुटते और रातोंरात सड़क की मरम्मत कर दी जाती।

ज्ञात रहे, सैकड़ों मील लंबी सड़क–हो चि मिन्ह ट्रेल–का निर्माण ग्रामीणों और सैनिकों ने मिल-जुल कर परंपरागत तरीके से किया जिसमें कड़े शारीरिक श्रम की जरूरत होती है।

वियतनाम में युद्ध जारी था। सारे देश को खंडहर में तब्दील करने में शत्रु आमादा थे। हर रोज सैकड़ों बमवर्षक विमान बमों की कालीन बिछा रहे थे। देश की लगभग पूरी आबादी–आबाल वृद्ध वनिता-मुक्तिसंग्राम में हिस्सा ले रही थी, उस वक्त हो चि मिन्ह ने आह्वान किया कि हमें अपना श्रम व शक्ति केवल मुक्तियुद्ध तक सीमित नहीं रखना चाहिए बल्कि शिक्षा-चिकित्सा और बच्चों के भरण-पोषण को भी प्राथमिकता देनी चाहिए। उन्होंने आह्वान किया कि देश में कोई अशिक्षित न रहे। निजी और सार्वजनिक स्वास्थ्य के प्रति लोग सजग रहें। एक छोटी और अत्यंत महत्त्वपूर्ण बात यह भी कही कि सभी पानी उबाल कर पीएं। बिजली का सा असर हुआ उनके आह्वान का। लोग पिल पड़े शिक्षा अभियान पर और मुक्ति-संग्राम के दौरान देश में शिक्षितों का औसत 90 प्रतिशत तक पहुंच गया। लोग साफ-सफाई पर विशेष ध्यान देने लगे।

भावी-पीढ़ी बच्चों की विशेष देखभाल की जाने लगी। खाद्य पदार्थ व अन्य न्यूनतम आवश्यकताओं में बच्चों का विशेष ध्यान रखा जाने लगा ताकि उन्हें पर्याप्त पोषक तत्व सुलभ हों।

हो चि मिन्ह के नेतृत्व में वियतनाम की जनता ने जहां एक ओर विश्व के तथाकथित सर्वशक्तिशाली बाहरी शत्रुओं का सफलता पूर्वक मुकाबला किया वहीं आंतरिक शत्रुओं-सामंतवाद तथा जनविरोधी नौकरशाही को भी ध्वस्त किया और उसका विकल्प दिया। ये दोनों संग्राम एक साथ समानांतर चलते रहे।

उन्होंने उपेक्षित नारी-समाज को न सिर्फ संविधान में बराबरी का दर्जा दिया बल्कि व्यावहारिकता में भी उसे परिवार व समाज में अधिकार-संपन्न किया। आज वियतनाम का नारी-समाज परिवार व समाज में सदियों से चले आ रहे सामंती ढांचे से लगभग मुक्त है। पुरुष व स्त्री दोनों को अपना जीवन-साथी स्वयं चुनने का अधिकार है। यही नहीं, विवाह-पूर्व यदि संतान हो जाती है तो उक्त संतान को परिवार व समाज स्वीकारता है, वहां 'अवैध-संतान' की अवधारणा नहीं है। निम्न व मध्यम श्रेणी के उद्योग व व्यापार में स्त्रियों का वर्चस्व है, हां, उच्च स्तर पर उनकी स्थिति कुछ कमजोर जरूर है। बावजूद अपनी कुछ कमियों-खामियों के वियतनाम के नारी-समाज ने जो कुछ भी हासिल किया है, वह किसी चमत्कार से किसी मायने में कम नहीं।

हो चि मिन्ह देशभक्त थे, राष्ट्रवादी थे पर इसके साथ ही वह दुनिया के तमाम शोषित, पीड़ित मुक्तिकामी लोगों के प्रति गहरा लगाव व सरोकार रखते थे। उन देशों की जनता के प्रति भी वह मैत्री भाव रखते थे जिन देशों के शासक वर्ग वियतनाम की सरजमी पर दखल बनाये रखने को हर संभव असंभव अत्याचार व नरसंहार के तरीके अपना रहे थे। यह उनका लगाव ही था कि उन्हें दुनिया भर की स्वतंत्रताकामी जनतांत्रिक शक्तियों का मुक्तियुद्ध में तहे दिल से सटीक समर्थन मिला। इतना ही नहीं फ्रांस व अमरीकी जनता का भी वियतनाम की मुक्ति के लिए किए जा रहे संघर्ष को व्यापक समर्थन मिला।

एक राजनेता के रूप में नहीं, एक साधारण व्यक्ति के या यूं कहें तो ज्यादा सही होगा कि एक नीचे दर्जे के श्रमिक के रूप में ही उन्होंने पांचों महादेशों के जितने देशों की यात्रा की, असंख्य लोगों से मिले, संवाद स्थापित किया, शोषण उत्पीड़न व दासता के जघन्यतम अमानवीय रूप को करीब से देखा, कहीं कहीं तो स्वयं भी शिकार हुए, उनके जीवन का यह पक्ष उनको दुनिया के किसी भी महापुरुष से अलग एक विशिष्ट श्रेणी में रखता है। सच तो यह है कि सारा विश्व ही उनका शिक्षा केंद्र, विद्यालय या महाविद्यालय था। उन्होंने शोषण व शोषित के कारनामों को बहुत करीब से देखा ही नहीं उनका गहराई से अध्ययन किया। अपने

अनुभवों से शिक्षा ग्रहण कर उसे अपने जीवन में व कर्म में ढाला और उसे व्यावहारिक जामा पहना एक नया दर्शन दिया। उसे वियतनाम में लागू किया। यहां इस बात पर बार-बार जोर देने की आवश्यकता है कि सत्ता से बाहर और राष्ट्रपति जैसे सर्वोच्च पद पर भी उन्होंने अपने व आम जन के बीच कभी कोई लक्ष्मण रेखा नहीं खींची। जीवन पर्यंत उनसे घुलते-मिलते रहे। साधारण जन के जीवन स्तर में जीते रहे। उनके जीवन का एक विशेष पक्ष यह भी रहा कि मानवीय पक्ष उन पर हमेशा हावी रहा। यही कारण था कि वह शत्रु का दिल जीतने का भरसक प्रयत्न करते रहे। संवाद और समझौते की नीति को आखिरी हद तक प्राथमिकता देते रहे।

पर जब समझौते की नीति हर संभव प्रयास के बावजूद नाकामयाब होती तो निर्णायक युद्ध के लिए भी मजबूती से डटे रहते थे। उनका यह विश्वास अंत तक बना रहा कि जीत जनता की होगी, भले ही उसमें देर हो। छोटी-मोटी भूलों, छोटी-मोटी गलतियों के अलावा वह कभी गलत प्रमाणित नहीं हुए। उन्होंने बड़ी भूल इसलिए नहीं की कि वह गलती स्वीकार कर उसका तुरन्त परिमार्जन करते थे। मसलन जब सत्ता व व्यवस्था परिवर्तन के दौरान पार्टी कर्मियों ने निर्दोष लोगों पर अत्याचार किया तो हो ने अविलम्ब उसको रोकने की अपील की, जो कारगर भी हुई।

हो की स्पष्ट मान्यता थी कि उपनिवेशवादी, साम्राज्यवादी, विस्तारवादी बाहरी शत्रु हैं, सामन्तवादी, औपनिवेशिक मानसिकता से ग्रस्त नौकरशाह भीतरी शत्रु हैं और दोनों से साथ-साथ मोर्चा लेना होगा। लिहाजा मुक्त प्रदेशों में चली आ रही नौकरशाही के स्थान पर अविलम्ब पार्टी के कार्यकर्ताओं-नेताओं को व्यवस्था सम्हालने दी, जिम्मेवारी दी, इस स्पष्ट निर्देश के साथ कि वे अपने आपको शासक नहीं, जनता का सेवक मानें। जनता से घुलमिल कर रहें, उनके दुख-दर्द को सहानुभूति व ध्यान से सुनें, उसका निवारण करें।

पार्टी के नेताओं, कार्यकर्ताओं को भी उनका स्पष्ट निर्देश था कि अपने चरित्र को पार्टी के आदर्शों के अनुरूप ढालें।

हो का जनकेंद्रित आचरण, सोच-चिंतन का उनका जमीनी स्तर पर क्रियान्वयन उनको राजनेताओं के शीर्षस्थ स्थान पर रखता है। वह सीधे सादे शब्दों में सीधी सादी बात कहते थे जिसे शिक्षित, अर्द्धशिक्षित, अशिक्षित सभी समझते ही नहीं थे, ग्राह्य करते थे। तभी तो दुनिया की उस वक्त की सबसे बड़ी फौजी ताकतों का वियतनाम की जनता मुकाबला कर पाई। मुक्ति संघर्ष में केवल नेता या पार्टी के कैडर ही नहीं, वहां का हर नागरिक चाहे वह औरत हो, मर्द हो, किशोर हो या वृद्ध हर किसी ने अपनी क्षमता के अनुसार भूमिका निभाई। वियतनाम के मुक्ति युद्ध का उद्‌देश्य वियतनाम राष्ट्र की मुक्ति के साथ वहां के जन-जन की मुक्ति भी था। हर किसी को यह विश्वास था कि मुक्ति के पश्चात् जो व्यवस्था स्थापित होगी उसका लाभ नीचे से नीचे तबके के गरीब से गरीबतर लोगों को मिलेगा, वह केवल एक विशेष वर्ग तक सीमित नहीं रहेगा। हो चि मिन्ह के अनुसार एक समाजवादी व्यक्ति में निम्न बुनियादी विशेषताएं होनी चाहिए–

- उसमें समाजवादी गुणों यथा अध्यवसाय, ईमानदारी, सच्चाई, जनहित के प्रति, समाजवादी सिद्धान्त के संघर्ष के प्रति व मातृभूमि की समृद्धि एवं जनता की सुख शांति के प्रति पूर्ण समर्पण का समावेश होना चाहिए।
- उसमें सामूहिक प्रभुत्व की, सामूहिक समाजवादी भाव की समझ व सामर्थ्य होनी चाहिए, राज्य के दायित्वों का भी वह वैसे ही निर्वाह करे जैसे अपने घर के दायित्व का निर्वाह किया जाता है। औरों पर निर्भर करने के बाजाय उसे दायित्ववहन का ज्ञान होना चाहिए।
- उसे मेहनती, प्रगति के लिए उत्सुक, मार्क्सवादी-लेनिनवादी सिद्धान्त में प्रवीण, सांस्कृतिक, तकनीकी व वैज्ञानिक ज्ञान-संपन्न होना चाहिए तथा उसमें नवीन, प्रगतिशील, व रचनात्मक मानस की सूक्ष्मदर्शिता होनी चाहिए।
- उसे करुणामय, स्वार्थहीन, सभी के प्रति मैत्री-भाव रखने वाला होने के साथ राष्ट्रीय मानवतावादी परंपरा को साम्यवादी मानवतावाद

से कैसे जोड़ा जाए यह ज्ञान होना चाहिए। जनता को समृद्ध व राष्ट्र को शक्तिशाली बनाने के लिए उसे पिछड़ेपन व तंगहाली के विरुद्ध प्रमुख भूमिका का निर्वाह करना चाहिए।

– उसकी जीवन व कार्य-शैली वैज्ञानिक होनी चाहिए तथा उसके विचार और कर्म सक्रिय, अध्यवसायी तथा साहसी होने चाहिए।

हो चि मिन्ह को किसी भी मायने में कम नहीं आंका जा सकता। दुनिया के बड़े से बड़े क्रांतिकारी के समकक्ष सामाजिक क्रांतिकारी आंदोलन में उनके योगदान को रखा जा सकता है। लेकिन विश्व-परिदृश्य में उनके योगदान की चर्चा जिस स्तर पर होनी चाहिए थी, वह नहीं हुई और न ही उनका नाम विश्व के शीर्षस्थ क्रांतिकारी नेताओं में लिया जाता है। विश्व स्तर पर उनकी यह उपेक्षा भी उनकी जीवनी लिखने के लिए मुझे प्रेरित करती रही। हो चि मिन्ह और उनके कुछ साथियों द्वारा वियतनाम के राष्ट्रीय मुक्ति आंदोलन का भार संभालने से पहले तक वियतनाम 'दुनिया की सबसे गंदी' औपनिवेशिक बस्ती के रूप में बदनाम था। लेकिन हो चि मिन्ह के नेतृत्व में एवं फाम वान डौंग एवं वो न्गुएन गियाप जैसे समाजवादी क्रांतिकारी देशभक्तों के फ्रांसीसी औपनिवेशिक सत्ता को उखाड़ फेंकने के बाद से वियतनाम की छवि एकदम बदल गई। वियतनाम के समर्थन में सारी दुनिया, विशेष रूप से नौजवानों ने प्रदर्शन किए। यह हो चि मिन्ह की अंतर्राष्ट्रीय दूरदृष्टि का कमाल था। रूस के महान कवि ओसिप मंडेलस्ताम (Osip Mandelstam) ने 1923 में हो चि मिन्ह के बारे में कहा था–'न्गुएन आइ कोक (Nguyen Ai Quoc)' (उस वक्त तक हो चि मिन्ह इसी नाम से जाने जाते थे) से संस्कृति की जो किरणें निस्सृत हो रही हैं, वह युरोपियन संस्कृति की नहीं बल्कि भविष्य की संस्कृति की हैं। वे सारी दुनिया की विरासत हैं। भले ही हम विदेशी शासन से मुक्त हो चुके हैं। लेकिन और समस्याएं ज्यों की त्यों विद्यमान है। आज पूरा विश्व मंदी के दौर से गुजर रहा है। मानते हैं कभी मंदी, कभी तेजी यह हमारे समय का नियमित घटना-क्रम हो गया है। मंदी की मार सबसे ज्यादा गरीब और आम आदमी पर पड़ती है। पूंजीवादी साम्राज्यवाद ने वैश्वीकरण का

मुखौटा लगा लिया है और अपनी पूरी ताकत से समाजवादी ताकतों को छिन्न-भिन्न एवं भ्रष्ट कर उन्हें कमजोर करने में लगा हुआ है। आम आदमी के हितों के लिए लड़ने-मरने वाली पार्टियां हाशिये पर हैं। इन परिस्थितियों में हो चि मिन्ह एवं उनकी जीवन दृष्टि की जितनी अधिक आवश्यकता आज है, शायद ही कभी रही हो। जनता और जनता के हितों के लिए लड़ने वाली पार्टियां एकजुट हो कर ही वैश्वीकरण के विरुद्ध लड़ सकती हैं। साम्राज्यवाद के इस बदले शैतानी चेहरे को पहचान कर उसके खिलाफ लोगों को खड़ा किया जा सकता है। इसके साथ-साथ सामंती व्यवस्था को तोड़ना भी जरूरी है। वैश्वीकरण और सामंतवाद दोनों के विरुद्ध अभियान साथ-साथ चलना चाहिए। हो चि मिन्ह एक ऐसे नेता के रूप में हमारे सामने हैं जिनकी सोच एवं दृष्टि एक ऐसी मशाल है जिससे देश जनता के भीतरी और बाहरी शत्रुओं को पहचान कर उनका मुकाबला कर सकता है, विशेष रूप से हमारे देश में जहां एक ओर सामंतवाद की जड़ें गहरी हैं और दूसरी ओर वैश्वीकरण के माध्यम से आर्थिक शोषण का चक्र जारी है।

कुछ पाश्चात्य विद्वान हो चि मिन्ह को चिंतक व दार्शनिक के रूप में चित्रित करते हैं। वे उनके सोच पर पश्चिम के आधुनिक मूल्यों के प्रभाव को जाने-अनजाने नजरअंदाज कर उनके विशाल वैश्विक व्यक्तित्व को सीमित कर देते हैं। वस्तुतः हो चि मिन्ह की सोच में पूर्व और पश्चिम के मूल्यों का अद्भुत सामंजस्य विद्यमान है। जनरल गियाप ने अपने संस्मरण में बड़ी खूबसूरती एवं कुशलता से इसका जिक्र करते हुए लिखा है—चाचा हो के व्यक्तित्व में एक ऐसा व्यक्ति दिखाई देता है जो वियतनाम के एक गरीब किंतु विद्वान परिवार में पैदा हुआ है। एक ऐसी मिली जुली साझी एशियन संस्कृति में वे पले-बढ़े थे जिसने वियतनाम की राष्ट्रीय संस्कृति में चीनी और भारतीय संस्कृति को काफी पहले आत्मसात कर लिया था। इसके साथ-साथ विदेश में लम्बे समय के प्रवास के दौरान फ्रांस में रहते हुए फ्रांसीसी में विवादास्पद लेख लिखे थे तो अपनी भावनाओं को व्यक्त करने के लिए ही उन्होंने हान लिपी में कविताएं लिखीं। इन तीस वर्षों के लम्बे समय तक अपने देश से दूर

चार महादेशों के सत्ताइस देशों में भ्रमण के बावजूद उन्होंने अपने मूल वियतनामी चरित्र को बरकरार रखा। चाचा हो के व्यक्तित्व के विकास में प्राचीन पूर्व और आधुनिक पश्चिम के मूल्यों के साथ-साथ देशभक्ति एवं जनता के प्रति प्रेम तथा लेनिन के नेतृत्व में हुई अक्टूबर क्रांति का मिला-जुला योगदान था। पांच महादेशों और चार समुद्रों वाले संपूर्ण विश्व के लोग उनके वृहत्तर परिवार में शामिल थे। अतः उन्हें एशियाई संस्कृति या पूर्वी संस्कृति का चिंतक बताने वाले उनके व्यक्तित्व के उदार-विशाल पक्ष एवं अंतर्राष्ट्रीय दृष्टि को अनदेखा कर एशिया तक सीमित करना चाहते हैं। जबकि बात इससे एकदम उलट व भिन्न है। वियतनाम ही नहीं सारी दुनिया के शोषित दुखी लोगों के लिए उनके हृदय में गहरी संवेदना थी। वे कहा करते थे–स्वतंत्रता और सुख हर व्यक्ति का अधिकार है।

इसी संदर्भ में हो चि मिन्ह की एक और बात का जिक्र जरूरी है। हो क्रांतिकारी थे, समाजवादी क्रांति के लिए प्रतिबद्ध थे और इसके लिए मार्क्सवाद-लेनिनवाद के आदर्शों एवं सिद्धातों को उन्होंने अपना आधार बनाया था। वे अनुभववादी थे और अनुभव और यथार्थ की जमीन पर नीतियां और कार्यक्रम बनाते थे। किसी भी सिद्धान्त का अंधानुकरण उनके व्यक्तित्व या सोच में था ही नहीं। हो के दूरदर्शी समाजवादी नेतृत्व ने वियतनामी समाज की सच्चाइयों को ध्यान में रख जनतांत्रिक गणतंत्र की स्थापना की। यह बात उन्होंने साफ-साफ समझ ली थी कि वियतनाम के लिए रूसी मॉडल उपयुक्त नहीं है। रूस की कम्युनिस्ट पार्टी में औद्योगिक श्रमिकों एवं शहरी बुद्धिजीवियों का वर्चस्व था, जबकि वियतनाम एक कृषि-प्रधान देश उस वक्त भी था और आज भी है। चीन की व्यवस्था को भी उन्होंने आदर्श नहीं माना। वे अच्छी तरह जानते थे कि वियतनाम की परिस्थितियां रूस एवं चीन दोनों से भिन्न हैं। उन्होंने समाजवादी नीतियों एवं आदर्शों को देश के अनुरूप ढाला। वे नेता नहीं थे। माओ व उनके साथियों की तरह रायफल या बंदूक को उन्होंने न कभी अपना हथियार बनाया और न ही मार्शल टीटो, किम इल सुंग- या राकोशी (Rakosi) की भांति वे अधिनायकवादी प्रवृत्ति के थे, जो सेना एवं पार्टी के द्वारा जबरन

शासन करते। वे तो सबसे पहले जनता से जुड़े व्यक्ति थे। हर स्तर के आदमी से प्रेम करते थे, उस पर भरोसा करते थे, सदैव उसको सुनने और समझने को तत्पर रहते थे। हो के लिए अनुशासन से ज्यादा महत्त्वपूर्ण था समर्पण और प्रेम। इसलिए उन्होंने कम्युनिस्ट पार्टी के (हेगेमनी) प्रभुत्व को नहीं चुना और न ही अधिनायकवाद को। उन्होंने लोकतांत्रिक एवं समाजवादी मूल्यों के आधार पर अपने देश के लिए समाजवादी रास्ते का निर्माण किया। फ्रांस और पश्चिम के विकसित देशों की लोकतांत्रिक पद्धति पर समाजवाद को विकसित किया। यह लोकतंत्र एवं समाजवाद का अभिनव प्रयोग था। अगर वे पार्टी अथवा सेना के शासन को महत्त्व देते तो जनता यानी 'लोक' की उपेक्षा होती। पूंजीवाद उन्हें किसी भी अर्थ में स्वीकार्य नहीं था। पूंजीवाद में पूंजी महत्त्वपूर्ण और जन गौण हो जाता है और अधिक से अधिक मुनाफा उसका एकमात्र लक्ष्य होता है, चाहे वह मनुष्य व प्रकृति के शोषण से हो, चाहे सामाजिक, आर्थिक विषमता और अन्याय बढ़ता रहे। आज वैश्वीकरण के दानव ने इतिहास और विचारधारा के अंत की घोषणा कर दी है, कारपोरेट दुनिया की अनियंत्रित वित्तीय पूंजी का बर्बर खेल अपनी चरम सीमा पर है। ऐसे कठिन संकट के समय में हो चि मिन्ह के गणतांत्रिक समाजवादी आदर्श एवं सिद्धान्त आशा की रूपहली किरण हैं।

19 मई 1890 में हो चि मिन्ह का जन्म अपने ननिहाल में किम लिएन गांव में हुआ। वे अपने माता पिता की तीसरी संतान थे। उनके पिता का नाम न्गुएन सिन्ह सॉक (1863-1929) एवं मां का नाम होआंग थि लोन (1868-1901) था। उनकी एक बड़ी बहन थी जिसका नाम न्गुएन थि थान्ह उर्फ बाक लिएन (1884-1954) था एवं एक बड़ा भाई न्गुएन सिन्ह खिएम उर्फ तात दात (1888-1950) था। दोनों ने फ्रांसीसी उपनिवेश के विरुद्ध होने वाले संघर्षों में हिस्सा लिया। यूं तो हो चि मिन्ह का पूरा परिवार देशभक्ति से से ओत-प्रोत था। पिता न केवल देश भक्त थे, वरन् अपने क्षेत्र में विद्वान के रूप में जाने जाते थे।

बचपन से ही हो अपने पिता एवं उनके देशभक्त साथियों से वीर देशभक्तों की कहानियां सुना करते थे। बचपन में रोपे गए देशभक्ति के

बीज उनके बढ़ने के साथ-साथ बढ़ते रहे। जब वे मात्र 13 वर्ष के थे, तो पहली बार उन्होंने 'स्वतंत्रता, समानता एवं भाईचारा' जैसे नारों को सुना था। तभी से वे शब्द उनके हृदय में अंकित हो गए थे। और तब से उन्होंने उन शब्दों के अर्थ एवं फ्रांस की सभ्यता एवं संस्कृति को जानने-समझने की निरंतर कोशिश की। किशोरावस्था से ही अपने देश को फ्रांस की विदेशी दासता से और देशी सामंती जमींदारों से मुक्त कराने का स्वप्न उनके दिलो-दिमाग में छाने लगा था। अपने इस स्वप्न को साकार करने के लिए दुनिया के बड़े उन्नत देशों में होने वाले परिवर्तनों को गहराई से जानने के लिए वे कटिबद्ध हुए।

उन्होंने अपने देश के लोगों पर होने वाले जुल्म-अत्याचार को बड़े करीब से देखा था। उनके रोजमर्रा के दुखों का अंत ही नहीं था। भारी करों का बोझ, किराया न दे पाने की मजबूरी और अभाव एवं बेगारी, बीमारी, अशिक्षा, भूख ने उनकी जिंदगी को दूभर और दुखदायी बना दिया था।

औपनिवेशिक दासता एवं उपनिवेशवादियों के देशी दलालों और द्रोहियों के प्रति गहरी घृणा उनके मन में किशोरावस्था में ही पनप गई थी।

वे हमेशा सोचा करते थे कि वे अपने देश को और जनता को इन मानव-निर्मित दुखों से कैसे मुक्त करें। वे उस रास्ते की खोज में निरंतर लगे रहते थे। हो के समकालीन देशभक्तों द्वारा किए गए अनेक आंदोलनों का हो चि मिन्ह पर गहरा प्रभाव पड़ा। अप्रैल 1908 में उन्होंने उस प्रदर्शन में हिस्सा लिया, जो किसानों पर जबर्दस्ती लगाए गए करों के विरुद्ध आयोजित किया गया था। उनके इस विद्रोही तेवर के लिए उनके पिता को फ्रांस की औपनिवेशिक सरकार से अच्छी खासी झाड़ और प्रताड़ना झेलनी पड़ी।

1908 में ही हो को अपनी प्रतिभा के बल पर हुए नेशनल स्कूल में दाखिला मिला जहां उन्हें फ्रांस की पत्र-पत्रिकाओं एवं साहित्य को पढ़ने का अवसर मिला। वहीं पर वियतनामी देशभक्त शिक्षकों ने उनमें दूसरे देशों की यात्रा की इच्छा को पोषित और पल्लवित किया। इनमें होआंग

थोंग एवं लि वॉन मिएन का नाम विशेष रूप से उल्लेखनीय है। इसके अतिरिक्त उस समय फान दिन्ह फुंग, होआंग होआ थाम, फान बोइ चाउ, फान चु त्रिन्ह जैसे सक्रिय देशभक्तों के प्रति हो चि मिन्ह के हृदय में गहरी श्रद्धा जरूर थी, लेकिन वह उनके द्वारा अपनाए गए रास्तों और विचारों से सहमत नहीं थे। इनके नेतृत्व में हुए आंदोलन एक के बाद एक असफल होते चले गए थे। हो ने उन आंदोलनों की विफलता के कारणों का विश्लेषण करने पर पाया कि वे आंदोलन अपने उद्देश्य में सही होते हुए भी आम आदमी की हिस्सेदारी और समर्थन को नहीं जुटा पाए थे। दूसरे, वे फान चु त्रिन्ह के सुधारवादी दृष्टिकोण से सहमत नहीं थे। वे फ्रांसीसी उपनिवेशवाद से संपूर्णतः मुक्ति चाहते थे। तीसरे, देश को आजाद कराने के लिए जापान की सरकार पर भरोसा करने वाले फान बोइ चाउ के राष्ट्रीय मुक्ति आंदोलन की दिशा से भी वे सहमत नहीं थे। उनके अनुसार यह वैसा ही था जैसे 'सामने के दरवाजे से एक बाघ को निकालना और पीछे के दरवाजे से एक अजगर को घुसने का न्योता देना।'

इस पृष्ठभूमि में 1910 में उन्होंने कुई न्हौन के फ्रेंच वियतनामी स्कूल से स्नातक की परीक्षा पास की। उस वर्ष वहां कार्यरत उनके पिता को बर्खास्त कर दिया गया, तो हो ने अपने पिता के साथ वापस 'हुए' जाने के बजाय दक्षिण जाना श्रेयस्कर समझा और अपनी स्वतंत्र राह अख्तियार की। कुई न्हौन से सैगोन जाने के रास्ते वे फान-तिएत में कुछ दिन रहे। फरवरी 1911 में उन्होंने फान-तिएत छोड़ा और सैगोन आ गए, जहां से वे जहाज के रास्ते विदेश जाने की अपनी इच्छा को पूरी कर सकते थे। और ऐसा ही हुआ भी।

3 जून 1911 को एक पांचतारा फ्रेंच पानी के यात्री जहाज 'एडमिरल लातुशे त्रेभिले' में एक सहायक बावर्ची के रूप में वान-बा नाम से उन्होंने वियतनाम से कूच किया। वे फ्रांस पहुंच तो गए पर वहां ज्यादा नहीं रुके। वहां से आगे यूरोप, अफ्रीका, अमरीका जैसे महादेशों में कई देशों की यात्राएं की। यात्राओं के दौरान जीविकोपार्जन के लिए उन्होंने कई छोटे-मोटे काम किए। रसोइया, धोबी, माली, बर्फ हटाने जैसे श्रम

साध्य काम किए। लंदन के कार्लटन होटल में सहायक बावर्ची के रूप में काम किया। वहीं पर फ्रेंचमैन इसकोफियर, जो वहां का मुख्य बावर्ची था, से पेस्ट्री और खाना बनाने में महारत हासिल की।

1917 के अंत में हो ने इंग्लैंड छोड़ा एवं फ्रांस के लिए कूच किया। वहां अंततः उन्होंने फोटो फिनिशर के रूप में काम किया। 1918 में समाजवादी पत्र ला भि क्युभरेरे (La Vie Quvriere) के कई अंकों में यह विज्ञापन छपा था–'आप जो अपने माता-पिता की स्मृतियों को जीवित रखना चाहते हैं, अपनी फोटो को न्गुएन आइ क्वोक (उस वर्क हो का नाम) के स्टुडियो, 9 इम्पास कम्पाइंट, पेरिस, डिस्ट्रिक्ट 17, में रिटच कराएं।'

1913 से 1917 तक इंग्लैण्ड में रहते हुए उन्होंने अनुभव किया कि लंदन की अपेक्षा पेरिस में रह कर वे अपनी पितृभूमि को स्वाधीन करने के लिए बेहतर एवं सुनियोजित तरीके से कार्य कर सकते हैं। फ्रांस में उस वक्त लगभग अस्सी हजार वियतनामी थे और वहां काम करते हुए कई आंदोलनों में सक्रिय रूप से हिस्सा भी ले रहे थे। वियतनामी देशभक्तों की एक संस्था भी वहां थी जिसका नाम था 'वियतनामी नैशनलिस्ट पार्टी'। उन आंदोलनों में हिस्सा लेते हुए उन्हें अपने उद्देश्य के लिए काम करने का अवसर मिलता रहेगा, इस बात को मद्देनजर रख कर उन्होंने अपना कार्यक्षेत्र इंग्लैण्ड की जगह फ्रांस को बनाना श्रेयस्कर समझा। 1918 में फान चाउ त्रिन्ह एवं फान वान त्रोंग के साथ मिलकर अन्नामी लोगों के हक में मांगों का एक मसौदा तैयार किया और उस पर अपने नये नाम न्गुऐन आइ क्वोक के नाम से हस्ताक्षर किए। इस नये नाम से ही मांगों का मसौदा देने वे स्वयं वर्सैले गये। कालांतर में, अपने कार्यों को और सक्रियता से बढ़ाने के लिए फ्रेंच सोशलिस्ट पार्टी के सदस्य बने।

हो चि मिन्ह ने जे जे रूसो तथा मोंतेस्क्यू आदि दार्शनिकों की कृतियों का चीनी भाषा में अनुवाद पढ़ा। उसी वक्त उन्होंने तय किया कि वे समता, समानता व स्वतंत्रता के आदर्शों के तहत ही क्रांति की जन्मस्थली पेरिस जाएंगे तथा क्रांति की पृष्ठभूमि, उससे जुड़े आदर्श-सिद्धान्त व रणनीति का अध्ययन करेंगे।

कई वर्षों तक फ्रांस में रहने के अलावा उन्होंने इंगलैंड, स्पेन, पुर्तगाल, अलजीरिया, ट्यूनिसिया, कांगो, सेनेगल आदि देशों की यात्रा की और जमीनी स्तर पर उन देशों की राजनीति, वहां की परिस्थितियां, आम आदमी की समस्याएं, शोषण एवं दोहन का बहुत बारीकी और गहराई से अध्ययन किया।

इसके अलावा 1914 में उन्होंने आयरलैंड के स्वतंत्रता संघर्ष के बारे में प्रत्यक्ष जानकारी प्राप्त की और आयरलैंड के महान देशभक्त टेरेंस मैक्स्वीनी की मृत्यु पर एक संक्षिप्त टिप्पणी लिखी।

हो चि मिन्ह को जीवन पर्यंत इस बात का अफसोस रहा कि वे अपने आदर्श एवं प्रेरक नेता लेनिन से नहीं मिल सके। लेनिन के प्रति उनकी अगाध श्रद्धा अकारण नहीं थी। उन्होंने विश्व के विभिन्न देशों का भ्रमण किया। गरीब देशों का, उन्नत देशों का, औपनिवेशिक देशों का। वहां की व्यवस्थाओं का सूक्ष्मता एवं गहराई से अध्ययन किया। लेकिन जो रास्ता वे खोज रहे थे, वह उन्हें अंततः लेनिन के 'औपनिवेशिक और राष्ट्रीय प्रश्न' नामक शोधपरक आलेख में मिला। उक्त आलेख एक दिन अचानक ही उनके हाथ लग गया। उसको उन्होंने पढ़ा और एक बार नहीं, कई-कई बार पढ़ा। पढ़ते-पढ़ते उन्हें लगा जैसे एक के बाद एक दरवाजे खुलते चले जा रहे हैं और उन्हें अपने प्रश्नों के उत्तर मिलते जा रहे हैं। इस अहसास मात्र से वे खुशी से उछल पड़े, मानो कोई गड़ा हुआ खजाना या खी हुई चाभी मिल गई हो।

लेनिन के उक्त लेख में विशेष रूप से उन देशों की समस्याओं पर विशद रूप में चर्चा की गई थी जो एक ओर औपनिवेशिक सत्ता के आधीन थे, तो दूसरी ओर गरीब जनता और किसान सामंतवाद के दमन-शोषण का शिकार थे। पूंजीवादी सामंती व्यवस्था के लिए वे कहा करते थे-'पूंजीवाद एक दोमुंही जोंक है जो एक मुंह से पूंजीवादी देशों की गरीब सर्वहारा जनता का रक्त चूसती है तो दूसरे मुंह से औपनिवेशिक देशों की सर्वहारा जनता का। यदि हमें इसे मारना है तो इसके दोनों मुंहों को एक साथ काटना होगा। यदि हम केवल एक मुंह काटते हैं तो वह दूसरे मुंह से सर्वहारा का खून चूसती रहेगी और जीवित रहेगी। धीरे-धीरे

कटा हुआ हिस्सा पुनः विकसित हो उठेगा।' लेनिन के उक्त लेख ने उन्हें लेनिनवाद-मार्क्सवाद के मार्ग पर अग्रसर किया। अपने देश वियतनाम के मुक्ति संघर्ष एवं स्वतंत्रता-प्राप्ति के लिए उन्होंने क्रांतिकारी समाजवादी रास्ता अख्तियार किया। वे अपने देश के प्रत्येक नागरिक को स्वतंत्र और खुशहाल देखना चाहते थे।

पांचवीं कम्युनिस्ट इंटरनेशनल में हो चि मिन्ह को जब औपनिवेशिक देशों के लोगों का प्रतिनिधित्व करने के लिए मॉस्को जाने का अवसर मिला तो उन्हें लगा कि इस मौके पर वे लेनिन से अवश्य मिल पाएंगे लेकिन, 30 अगस्त, 1918 को लेनिन को गोली लग जाने की वजह से गम्भीर रूप से घायल थे, जिसके कारण पांचवीं कम्युनिस्ट इंटरनेशनल के समय को आगे बढ़ाना पड़ा था। 1922 से 1923 के बीच तीन बार हृदय का दौरा पड़ने की वजह से दिन ब दिन उनकी हालत बिगड़ती चली गई और अंततः 21 जनवरी, 1924 को उनका निधन हो गया। औपनिवेशिक दासता से मुक्ति के लिए संघर्ष करने वाले देशों के लिए लेनिन का निधन एक बहुत बड़ा सदमा था। हो चि मिन्ह पर तो जैसे पहाड़ टूट पड़ा। वे उनकी अंत्येष्टि में शामिल हुए। लेनिन को श्रद्धांजलि देते हुए 24 जनवरी, 1924 के प्रावदा के प्रथम पृष्ठ पर 'लेनिन एवं औपनिवेशिक देश' शीर्षक से हो चि मिन्ह का लेख छपा, जिसमें उन्होंने लेनिन के बारे में लिखा कि वह एक चमकते हुए नक्षत्र की तरह हैं, जो सामाजिक क्रांति के रास्ते को रोशन करते रहेंगे। लेनिन अमर हैं और हमारे उद्‌देश्यों में हमेशा जीवित रहेंगे।

जून 1924 को भारी हृदय से हो चि मिन्ह ने पांचवीं कम्युनिस्ट इंटरनेशनल में हिस्सा लिया।

प्रथम विश्वयुद्ध के दौरान 1917 में उनका नाम न्गुएन तान थान्ह की जगह अब न्गुएन आइ क्वोक हो गया। फ्रांस में 1789 की क्रांति, पेरिस कम्यून आदि का अध्ययन करने के साथ-साथ बामपंथियों के संपर्क में आकर वे फ्रेंच समाजवादी पार्टी के सदस्य हो गए।

लेखकों-पत्रकारों-राजनीतिज्ञों से उनके गहरे संपर्क होते गए और वे स्वयं लेखन व पत्रकारिता की ओर मुड़ते चले गए।

आर्थिक स्थिति का हाल यह था कि अपने जीवन-निर्वाह के लिए वे आधे दिन कड़ी मेहनत का कोई छुट्टा काम करते और बाकी वक्त में लिखना-पढ़ना किया करते। पानी के जहाज से उन्होंने एटलांटिक पार कर न्यूयार्क, बोस्टन, ब्यूनस आयर्स, रिओ डि जेनेरियो आदि स्थानों का भ्रमण किया। उनके भ्रमण का हर पल अध्ययनशीलता से जुड़ा था। उनके मन में यह बात गहराई तक बैठती चली गई कि नस्ल भेद, रंगभेद और धर्मभेद निहित स्वार्थियों द्वारा निर्मित शोषण और शासन के हथकंडे हैं। वर्ग हैं तो सिर्फ दो-शोषकों का और शोषितों का। सोवियत-क्रांति के बाद वे तृतीय इंटरनेशनल में शामिल हुए और फ्रांस की कम्युनिस्ट पार्टी के संस्थापक सदस्य बने।

उन्होंने अंतरराष्ट्रीय स्तर पर वियतनाम के मुक्ति-संघर्ष को जोड़ा यानी तत्कालीन विश्व परिदृश्य में जहां-जहां भी मुक्ति के लिए संघर्ष हो रहा था, उसको अपना समर्थन दिया।

रूस की जनता के लिए उन्होंने औषधियां और कपड़े आदि की सहायता में सक्रिय रूप से योगदान किया।

अंधराष्ट्रवाद और राष्ट्रवाद को नकारते हुए अंतरराष्ट्रीय भाईचारे तथा मनुष्य के विरुद्ध किसी भी प्रकार के शोषण-उत्पीड़न के विरुद्ध उन्होंने मार्क्स-लेनिन के सिद्धान्तों पर आधारित मोर्चे में सक्रिय नेतृत्वकारी भूमिका अदा की।

वियतनाम की मुक्ति के लिए स्पष्ट सिद्धान्त व आदर्श को असली जामा पहनाने की रणनीति पर वे निरंतर लिखते रहे और वियतनामी स्वतंत्रता सेनानियों के प्रशिक्षण-शिविर लगाते रहे ताकि वे प्रशिक्षित होकर वियतनाम की जनता को संगठित कर सकें और मुक्ति-संघर्ष को आगे बढ़ाएं।

उन्होंने पेरिस में फ्रांसीसी व वियतनामी भाषा की पत्र-पत्रिकाओं का प्रकाशन व संपादन किया साथ ही अन्य पत्र-पत्रिकाओं में भी निरंतर लिखते रहे।

जनता से जुड़ी समस्याओं और सवालों पर आधारित उनका राजनीतिक दर्शन केवल बौद्धिक स्तर तक सीमित न होकर आम-जन के दिल-दिमाग में व्यावहारिक दर्शन के रूप में लोकप्रिय हुआ।

हो चि मिन्ह केवल राजनीतिक विषयों पर ही नहीं लिखते थे बल्कि उन्होंने कविताएं-कहानियां व नाटक भी लिखे। यदा-कदा वे कार्टून भी बनाते थे।

अहिंसा के प्रबल पक्षधर हो चि मिन्ह का यह मानना था कि यदि अहिंसा के बल पर लक्ष्य की प्राप्ति न होती हो तो हिंसा का सहारा लिया जा सकता है। उनका मानना था कि शत्रु-पक्ष से समझौते की प्रक्रिया जारी रखो और अपना पक्ष मनवाने की पूरी कोशिश करो। समझौते के किसी भी मार्ग को अवरुद्ध मत होने दो, परन्तु यदि शत्रु-पक्ष जिद पर अड़ा रहे और आक्रमण व विध्यवंसमूलक कार्रवाई जारी रखे तो उसका जवाब उसी की भाषा में दो और निर्णायक युद्ध के लिए प्रस्तुत रहो।

3 फरवरी 1930 को उन्होंने समस्त वियतनामी क्रांतिकारियों को, जो विभिन्न दलों व गुटों में बंटे थे, एक मंच पर इकट्ठा किया और वियतनाम कम्युनिस्ट पार्टी की स्थापना की। उन्होंने आम सहमति से जनता के नाम पार्टी की पहली अपील जारी की।

वियतनाम की मुक्ति के साथ-साथ वे थाईलैंड, सिंगापुर, कम्बोडिया आदि पड़ोसी राष्ट्रों में चल रहे स्वतंत्रता संग्राम में भी सक्रिय भूमिका निभाते थे।

6 जून, 1931 को ब्रिटिश अधिकारियों ने राजनीतिक गतिविधियों के लिए हांगकांग में उन्हें गिरफ्तार किया, किन्तु अंतरराष्ट्रीय संगठनों के प्रतिवाद करने पर उन्हें शीघ्र ही रिहा कर दिया गया।

उन्होंने कोमिन्टर्न की सातवीं कांग्रेस में भाग लिया। इस बीच वे सोवियत संघ और चीन में वियतनामी क्रांतिकारियों को प्रशिक्षित करने में नेतृत्वकारी सक्रिय भूमिका निभाते रहे।

तीस वर्षों की अनुपस्थिति के बाद 28 जनवरी, 1941 को हो चि मिन्ह अपनी पितृभूमि वियतनाम वापस लौटे।

गिरफ्तारी से बचने के लिए उन्होंने काउबाग प्रांत की पाक-वां गुफा में शरण ली और यहीं वियतनाम की कम्युनिस्ट पार्टी की केन्द्रीय समिति का आठवां अधिवेशन आयोजित किया। इसमें उन्होंने भविष्यवाणी की कि जर्मनी सोवियत संघ पर हमला करेगा तथा जापान प्रशांत क्षेत्र में युद्ध शुरू

करेगा। यह उनकी राजनीतिक दूरदर्शिता का एक सबल प्रमाण था। उन्होंने फ्रांसीसी और जापानी दोनों शक्तियों को देश से बाहर खदेड़ने के लिए एक मोरचे का गठन किया–वियतनाम स्वतंत्रता लीग, जो 'वियत मिन्ह' के नाम से लोकप्रिय हुआ। उस वक्त उन्होंने जोर देकर कहा था कि वियतनाम और इंडो-चीन की मुक्ति और इन देशों में क्रांति कोई स्थानीय मुद्दा नहीं है, बल्कि फासिज्म के विरुद्ध विश्वव्यापी संघर्ष का एक अभिन्न अंग है। 13 अगस्त 1942 को फासिज्म के विरुद्ध समर्थन के लिए वे राष्ट्रवादी चीन तथा अमरीकी सरकार के प्रतिनिधियों से सम्पर्क करने चीन गये। इसी वक्त उन्होंने अपना नाम हो-चि-मिन्ह रखा।

दुर्भाग्य से 1942 में चीन की सरकार के क्वांग-सी प्रशासन ने उन्हें गिरफ्तार किया और 14 महीने जेल में रखा। यहीं उन्होंने अपनी प्रसिद्ध 'जेल डायरी' लिखी साथ ही जेल में रहकर वे वियतनाम के मुक्ति योद्धाओं से सम्पर्क साधते रहे और उन्हें निर्देश देते रहे।

अगस्त 1945 में एक लंबे संघर्ष एवं अथक बलिदान से वियतनाम आजाद हुआ। किन्तु जैसा कि उपनिवेशवादियों एवं साम्राज्यवादियों की पुरानी कूटनीतिक चाल रही है कि किसी भी देश को दो भागों में बांट दो, वियतनाम में भी यही कुचक्र रचा गया। उत्तर वियतनाम में हो चि मिन्ह के नेतृत्व में अंतरिम सरकार का गठन हुआ और दक्षिण वियतनाम में फ्रांस की कठपुतली सरकार बनी और जिनेवा समझौते के तहत यह तय किया गया कि एक निर्धारित समय में दक्षिणी हिस्से में जनमतगणना होगी और यदि जनता की राय एकीकरण के पक्ष में होगी तो वियतनाम का एकीकरण होगा। दक्षिण वियतनाम की कठपुतली सरकार ने फ्रांस और अमरीका के दबाव में जनमतगणना नहीं कराई और समझौते का उल्लंघन किया। अंतत: वियतनामी देशभक्तों एवं मुक्ति-योद्धाओं ने तीस वर्षों तक चले मुक्ति युद्ध द्वारा दक्षिण वियतनाम को विदेशी हमलावरों से मुक्त किया और 1975 में उत्तरी और दक्षिण वियतनाम एक हुए।

अंतरिम मंत्रिमंडल के गठन के बाद 2 सितम्बर 1945 को हो चि मिन्ह ने हनोई के बा-दिन्ह स्क्वायर में पांच लाख के ऐतिहासिक जनसमूह के सामने जो घोषणा-पत्र पढ़ा वह केवल वियतनाम एवं वियतनामी जनता

के लिए ही प्रासंगिक नहीं था, वरन् दुनिया के उन तमाम देशों के लिए भी प्रासंगिक था जो उपनिवेशवादियों, साम्राज्यवादियों और प्रतिक्रियावादी सामंती शक्तियों से मुक्त होने के लिए संघर्षरत थे।

उन्होंने जो घोषणा-पत्र पढ़ा था उसका अविकल अनुवाद अगले अध्याय में प्रस्तुत है।

वियतनाम जनतांत्रिक गणतंत्र की स्वाधीनता का घोषणा-पत्र; 2 सितम्बर, 1945

सभी मनुष्य समान हैं। उनके सर्जक ने उन्हें अहस्तांतरणीय कुछ अधिकार दिये जिनमें जीवन, स्वाधीनता तथा सुख-संधान भी हैं।

यह अमर घोषणा 1776 के संयुक्त राष्ट्र अमरीका के स्वाधीनता के घोषणा-पत्र में थी। व्यापक भाव में इसका अर्थ है : जन्मगत रूप से धरती के समस्त मनुष्य समान हैं, सभी को जीवन का तथा सुखी व स्वाधीन रहने का अधिकार है।

1791 में फ्रांसीसी क्रांति के वक्त मनुष्य व नागरिक अधिकारों की जो घोषणा हुई उसमें उल्लेख है–'सभी मनुष्य स्वाधीन व समान अधिकारों के साथ पैदा हुए हैं और हमेशा उन्हें स्वाधीन व समान अधिकारों सहित रहना होगा।'

ये अविवादित सत्य हैं।

तथापि, आठ वर्षों से भी अधिक समय से फ्रांसीसी साम्राज्यवादी स्वाधीनता, समानता तथा भाईचारे के स्तर का दुरुपयोग करते आ रहे हैं। उन्होंने हमारी पितृभूमि का अतिक्रमण किया है और हमारे साथी नागरिकों का दमन किया है। उन्होंने मानवता तथा न्याय के सिद्धान्तों के विरुद्ध काम किया है।

राजनीतिक रूप से उन्होंने हमारी जनता को हर जनतांत्रिक स्वाधीनता से वंचित रखा है।

उन्होंने मानवीय कानून प्रवर्तित किए हैं; उन्होंने उत्तर, मध्य तथा दक्षिण वियतनाम में तीन विभिन्न राजनीतिक शासनों की स्थापना की है

ताकि देश की एकजुटता को तोड़ा जा सके और जनता को संगठित होने से रोका जा सके।

विद्यालयों से अधिक उन्होंने कारावास बनाए हैं। निर्दयतापूर्वक उन्होंने हमारे देशभक्तों की हत्या की है। हमारे विद्रोह को उन्होंने रक्तसागर में डुबाया है।

जनमत को बेड़ियों में जकड़ उन्होंने रूढ़िवादी आचरण किया है। हमारी जाति को उन्होंने अफीम व अलकोहल (मद्यसार) से दुर्बल किया है। अर्थ के क्षेत्र में उन्होंने हमें चूस डाला है, हमारे लोगों को निर्धन व हमारी भूमि को उजाड़ डाला है। उन्होंने हमसे हमारे धान-खेत, हमारी खदानें, हमारे जंगलात और हमारे प्राकृतिक संसाधन छीन लिए हैं। उन्होंने हमारी बैंक-नोट प्रचालन व्यवस्था तथा आयात-निर्यात व्यापार पर एकाधिकार कर लिया है।

असंख्य अन्यायपूर्ण करों के आविष्कार से उन्होंने हमारी जनता, विशेषकर खेतिहर किसानों को अत्यधिक निर्धनता की स्थिति में पहुंचा दिया है।

उन्होंने हमारे राष्ट्रीय मध्यवर्ग की समृद्धि को असंभव बना दिया है तथा मजदूरों का निर्दयतापूर्वक शोषण किया है।

1940 के पतझड़ में जब जापानी फासीवादियों ने मित्र-राष्ट्रों के विरुद्ध नये अड्डों की स्थापना के लिए इंडो-चायना पर हमला किया, फ्रांसीसी उपनिवेशवादियों ने घुटने टेक दिये तथा जापानियों के प्रवेश के लिए हमारे देश के द्वार खोल दिए।

इस प्रकार तब से ही हमारी जनता फ्रांसीसी तथा जापानी, दोहरी पराधीनता का दबाव झेल रही थी। उनकी पीड़ा और कष्ट बढ़े। नतीजा यह हुआ कि पिछले साल के अंत और इस साल के प्रारंभ में क्उवांग-त्रि प्रांत से लेकर उत्तर में हमारे बीस लाख साथी देशवासी भूख से मारे गए।

9 मार्च को इस साल जापानियों ने फ्रांसीसी सैनिकों को निरस्त्र कर दिया। फ्रांसीसी उपनिवेशवादी या तो भाग गए या उन्होंने आत्मसमर्पण कर दिया और दिखा दिया कि वे हमारी सुरक्षा कर पाने के योग्य ही नहीं थे बल्कि यह कि पांच वर्ष की अवधि में उन्होंने दो बार जापानियों के हाथों हमारे देश को बेच दिया।

9 मार्च से पहले वियत मिन्ह ने कई बार फ्रांसीसियों से जापानियों के विरुद्ध हाथ मिलाने का आग्रह किया परंतु प्रस्ताव स्वीकार करने के बजाय फ्रांसीसियों ने वियत मिन्ह के विरुद्ध आतंकवादी गतिविधियों को और बढ़ा दिया। अपनी हार के पश्चात और पलायन से पूर्व उन्होंने येन बाइ तथा काओ बांग में बंदी राजनीतिक बंदियों का कत्लेआम कर दिया।

इन सबके बावजूद हमारे साथी नागरिकों ने फ्रांसीसियों के विरुद्ध उदार व मानवतावादी रुख बनाए रखा। 9 मार्च 1945 को जापानी पराजय के बाद वियत मिन्ह ने कई फ्रांसीसियों को सीमा पार करने में मदद दी, अन्य कइयों को जापानी जेलों से छुड़ाया तथा फ्रांसीसियों के जीवन व संपत्ति की रक्षा की। दरअसल 1940 के पतझड़ से हमारा देश फ्रांसीसी उपनिवेश न हो कर जापानियों के कब्जे में था।

जब जापानियों ने मित्र राष्ट्रों के सामने समर्पण कर दिया तो हमारी समस्त जनता सत्ता हथियाने को उठ खड़ी हुई तथा वियतनाम जनतांत्रिक गणतंत्र की उसने स्थापना की। सच्चाई तो यह है कि हमने अपनी स्वाधीनता फ्रांसीसियों से नहीं, जापानियों से छीनी है।

फ्रांसीसी भाग गये, जापानियों ने आत्मसमर्पण कर दिया, सम्राट बाओ दाइ ने गद्दी का परित्याग कर दिया। हमारे लोगों ने लगभग एक सदी पुरानी जंजीरों को तोड़ कर वियतनाम को स्वाधीन किया। साथ ही उन्होंने एक सदी पुरानी राजशाही को उखाड़ कर जनतांत्रिक गणतंत्र की स्थापना की।

वियतनामी जनता की प्रतिनिधि हमारी नव वियतनाम की अंतरिम सरकार यह घोषणा करती है कि वह अभी से फ्रांस के साथ उपनिवेशवादी चरित्र के अपने सारे संबंध तोड़ती है, वियतनाम को लेकर फ्रांस ने जो भी संधियां की हैं, उन्हें रद्द करती है तथा फ्रांस को हमारे देश में जो भी विशेषाधिकार प्राप्त थे, उन्हें खारिज करती है।

समस्त वियतनामी जनता का एकमत संकल्प है फ्रांसीसी उपनिवेशवादियों की समस्त शैतानी योजनाओं का विरोध।

हम निश्चित हैं कि जिन मित्रराष्ट्रों ने तेहरान और सैन-फ्रांसिस्कों के सम्मेलनों (क्रमशः नवंबर दिसंबर 1943 तथा अप्रैल-जून 1945) में

राष्ट्रों के समानता के सिद्धान्त को तरजीह दी थी वे वियतनामी जनता के स्वाधीनता के अधिकार को मान्यता प्रदान करेंगे।

वो जनता जिसने साहस के साथ अस्सी वर्षों तक फ्रांसीसी गुलामी का विरोध किया, वो जनता जिसने हाल ही के वर्षों में दृढ़ प्रतिज्ञ हो फासिवादियों के विरुद्ध मित्र राष्ट्रों का साथ दिया, ऐसी जनता को स्वाधीन होना ही चाहिए, ऐसी जनता को स्वतंत्र होना ही चाहिए।

इन्हीं कारणों से वियतनाम जनतांत्रिक गणतंत्र की हमारी अंतरिम सरकार विश्व के सामने यह विधिवत घोषणा करती है।

वियतनाम को स्वाधीन व स्वतंत्र होने का अधिकार है और वास्तव में यह स्वाधीन व स्वतंत्र राष्ट्र हो गया है। समस्त वियतनामी जनता अपनी स्वाधीनता व स्वतंत्रता की रक्षा के लिए अपना तन-मन-धन न्यौछावर करने को संकल्पबद्ध है।

हो चि मिन्ह का काम करने का अपना ही तरीका था। किसी से भी उनकी तुलना नहीं की जा सकती। विशेष रूप से आम जनता से जिस गर्मजोशी और अपनेपन से वे पेश आते थे–वह उनका विशिष्ट गुण था। इसीलिए उन्होंने जनता के पारस्परिक संबंधों को विशेष महत्त्व दिया। बच्चों से, मुक्ति योद्धाओं व कार्यकर्ताओं से, वृद्धों से–हर किसी से बात करते वक्त एक अंतरंग भाव से वे बड़ी सहजता के साथ जुड़ जाते थे। वियतनाम के स्वाधीन होने के पश्चात् एक राष्ट्राध्यक्ष के रूप में हो चि मिन्ह ने देश की जनता के नाम जो पहला आह्वान जारी किया उसमें उन्होंने सबसे पहले जिनको संबोधित किया, वे सैनिक, मजदूर, स्वाधीनता-संग्रामी नहीं, बच्चे थे।

देखिए, वह किस प्रकार बच्चों से हृदय को छू लेनै वाली भाषा में बात करते हैं–

'मेरे प्यारे बच्चो,

आज शरद उत्सव है। तुम्हारे माता-पिता ने लालटेन, डफली, पटाखे, फूल और बहुत सारे खिलौने तुम्हारे लिए खरीदे होंगे। तुम सब बहुत खुश हो, जितनी खुशियां मना सको, मनाओ। तुम्हारी खुशी में तुम्हारे चाचा (हो) भी पूरे जोश के साथ शामिल हैं। बता सकते हो, क्यों? पहली बात

तो यह है कि मैं तुम सब को बहुत प्यार करता हूं। दूसरी बात है कि पिछले वर्ष शरद उत्सव में हमारा देश उत्पीड़ित था और मेरे बच्चो, उस वक्त तक तुम 'नन्हे गुलाब' थे। इस वर्ष वियतनाम ने अपनी आजादी फिर से हासिल की है और अब तुम सब इस स्वाधीन राष्ट्र के नन्हें मालिक हो।

आज जितना चाहो खुशी मनाओ। मुझे उम्मीद है, तुम कल से जी-जान से अपनी पढ़ाई में लग जाओगे। क्या तुम सब वियतनामी भाषा के अक्षरों को पहचानते हो? जो नहीं पहचानते, सीखें।

अगले वर्ष शरद उत्सव में हम बच्चों और बूढ़ों के लिए बहुत सारे खेलों का आयोजन करेंगे। इस बारे में तुम्हारा क्या ख्याल है? इस वर्ष मेरे पास तुम्हें देने के लिए कोई उपहार नहीं है। हां, तुम सबके लिए मेरे पास है, प्यार भरा चुम्बन।'

स्वाधीनता प्राप्ति के कुछेक दिनों बाद उन्होंने एक जनसभा को संबोधित किया। तब तक वे 'अंकल हो' यानी चाचा हो, के रूप में लोकप्रिय हो चुके थे। जनसभा में बच्चे, बूढ़े, नौजवान सभी मौजूद थे। यहां भी उन्होंने सबसे पहले बच्चों को संबोधित करते हुए कहा–

मेरे बच्चो!

'आज हम अपने वियतनामी जनतांत्रिक गणतंत्र के शुरुआती दौर में हैं। तुम अत्यंत भाग्यशाली हो कि तुम्हें अपने पिता और उससे पहले उनके भी पिता की तरह गुलाम देश में जीवन बसर नहीं करना होगा। बल्कि तुम एक स्वाधीन राष्ट्र में शिक्षा प्राप्त करोगे।...अस्सी वर्षों की गुलामी ने हमारे देश की शक्ति को क्षीण कर दिया है। हमें, अब अपने पूर्वजों की खोई हुई विरासत को हासिल कर दुनिया के अग्रिम देशों की पंक्ति में वियतनाम को ला खड़ा करना होगा। क्या वियतनाम अपने पुराने यश और सम्मान को फिर से अर्जित कर पाएगा? क्या हमारे देश के लोग पांच महादेशों के लोगों की तरह अपना उन्नत स्थान बना पाएंगे? इसे संभव करना इस बात पर निर्भर करेगा कि तुम कितने पढ़ाकू और अध्ययन के प्रति कितने गंभीर हो और इसके लिए कितनी मेहनत करते हो।'

(द्रष्टव्य: 1945 में वियतनाम की नब्बे प्रतिशत आबादी अनपढ़ थी। सन् 1960 तक आते-आते इनकी संख्या मात्र दस प्रतिशत रह गई थी।)

इसके पन्द्रह साल पहले 18 फरवरी 1930 में इंडोचायना कम्युनिस्ट पार्टी की स्थापना हुई थी। उसमें हो चि मिन्ह ने कम्युनिस्ट पार्टी के नेताओं और कार्यकर्ताओं के सामने एक दस सूत्री कार्यक्रम रखते हुए कहा था कि आने वाले दिनों में इन कार्यक्रमों को आधार बना कर पार्टी के आधार को विस्तृत करते हुए देश को मुक्त करने के लिए पूरी शक्ति के साथ पिल पड़ें।

बाहरी और भीतरी शत्रुओं के विरुद्ध चले युद्ध में अंततः जो विजय हासिल हुई उसमें इन कार्यक्रमों की भी निर्णायक भूमिका थी।

प्रस्तुत है उक्त दस सूत्री कार्यक्रम–

1. फ्रांसीसी साम्राज्यवादियों एवं वियतनामी सामंती व प्रतिक्रियावादी बुर्जुआ को जड़ से उखाड़ फेंकना।
2. इंडोचायना को पूर्णतः स्वाधीन करना।
3. श्रमिक-किसानों की संयुक्त सेना द्वारा सरकार का गठन करना।
4. साम्राज्यवादियों के बैंकों एवं अन्य प्रतिष्ठानों को जब्त कर उनका नियंत्रण श्रमिक किसानों की संयुक्त सरकार को सौंपना।
5. साम्राज्यवादियों एवं वियतनामी प्रतिक्रियावादी बुर्जुआ के पास जो भी बाग-बागीचे एवं संपत्ति है, उन्हें जब्त कर गरीब किसानों में वितरित करना।
6. दिन में काम के आठ घंटों के निर्धारण को क्रियान्वित करना।
7. सरकारी ऋण-पत्र की बलात् खरीद, पोल टैक्स एवं वे सभी टैक्स जो गरीबों की कमर तोड़ रहे हैं, का पूर्ण खात्मा करना।
8. जनता को गणतांत्रितक स्वाधीनता मुहैया कराना।
9. प्रत्येक व्यक्ति को शिक्षा का अवसर मिले, इसकी व्यवस्था करना।
10. स्त्री-पुरुष के बीच समानता हासिल करना।

उपर्युक्त दस सूत्री कार्यक्रम को आधार बना कर इंडोचायना कम्युनिस्ट पार्टी के क्रांतिवीर कार्यकर्त्ताओं का यह बुनियादी कर्तव्य होगा कि वे साम्राज्यवादी आक्रमणकारियों को मार भगाएं, स्वाधीनता प्राप्त करें,

औपनिवेशिक सत्ता का सफाया करें, राष्ट्र को एकीकृत करें, सामंती एवं उपसामंती अवशेषों को मिटाएं, किसानों को जमीन वितरित करें एवं समाजवाद के आधार पर जनतंत्र को विकसित करें।

इस दस सूत्री कार्यक्रम को कम्युनिस्ट पार्टी ने मन वचन कर्म से ग्रहण किया तथा मुक्तियुद्ध को आगे बढ़ाया।

पार्टी कार्यकर्ताओं को क्या करना चाहिए और क्या नहीं, इसके लिए भी उन्होंने एक विस्तृत कार्यक्रम दिया। चूंकि वह जो औरों से करने के लिए कहते थे, पहले स्वयं उसका अनुसरण कर औरों के लिए एक आदर्श उपस्थित करते थे। पार्टी कार्यकर्ताओं को उनका स्पष्ट निर्देश था–

हमें आर्थिक बचत करनी होगी, मसलन, मानवशक्ति, समय व कच्चे माल में कटौती कर हम 10,000 डौंग (वियतनामी मुद्रा) खर्च कर वही काम कर सकते हैं जिस पर 20,000 खर्च होता था।

सार्वजनिक संपत्ति का अपव्यय। यह कई प्रकार से होता है, जिसमें से कुछ उदाहरण इस प्रकार है:–

- सार्वजनिक सेवाओं द्वारा भौतिक सामान का अपव्यय।
- उद्यमों में मशीनों और कच्चे माल का गलत उपयोग।
- परिवहन विभाग अपने वाहनों की सही देखभाल नहीं करता तथा पेट्रोल व लुब्रिकैंट आदि की समुचित बचत नहीं करता।
- भंडारण विभाग के अंतर्गत अन्न-भंडारों का निर्माण सावधानी पूर्वक नहीं किया गया है और जिन पर रख-रखाव का दायित्व है, वे दायित्वशील नहीं हैं इसलिए धान नम व क्षतिग्रस्त हो गया है।
- राज्य का व्यापार विभाग अपनी व्यवस्थाओं तथा हिसाब-किताब में सतर्क नहीं है इसलिए नुकसान उठा रहा है।
- सैनिक अपने हथियारों, उपकरणों तथा लूट के माल की अच्छी देखरेख नहीं करते।
- बैंक धन की सही व्यवस्था नहीं कर रहे और उत्पादन वृद्धि में मदद नहीं कर रहे।

- आर्थिक संगठनों द्वारा बनाई गई परियोजनाएं न व्यावहारिक हैं न परिस्थिति के अनुकूल और इस प्रकार क्रांति को नुकसान पहुंचा रही हैं।
- लोग खर्चीली शादियों और अंतिम संस्कारों के लिए भूमि को परती छोड़ देते हैं, आत्माओं को मन्नत का चढ़ावा चढ़ाते हैं, भैंसे गिरवी रख देते हैं और खेत बेच देते हैं, इत्यादि।

राष्ट्रपति हो चि मिन्ह व पार्टी की केंद्रीय समिति ने अपना सरा ध्यान उत्तर को हर क्षेत्र में सुदृढ़ करने पर केंद्रित किया क्योंकि उत्तर वियतनाम ही वह बुनियाद था जिस पर जनता का संघर्ष आधारित था।

जहां तक आर्थिक पुनरुद्धार का सवाल था, राष्ट्रपति हो चि मिन्ह ने इस बात पर जोर दिया कि पहली प्राथमिकता कृषि–उत्पादन में सुधार और उद्धार को मिलनी चाहिए। उन्होंने कहा:–

'इस बात का ध्यान रखो कि हमारे साथी देशवासी भूख व ठंड से आजाद रहें, फौजों को रसद मिलती रहे (और) राष्ट्रीय आर्थिक पुनरुद्धार में तेजी के लिए शहरों के लिए जरूरी जिन्सों का भंडार सुनिश्चित रहे।'

1954 के उत्तरार्द्ध से 1955 के मध्य तक युद्ध तथा राष्ट्रीय आपदाओं के फलस्वरूप उत्तर में गरीबी आम थी। खाद्य उत्पादन सहायता सम्मेलन (13 जून, 1955) में राष्ट्रपति हो चि मिन्ह ने कहा भी कि 'हवा की ही तरह जनता के लिए खाद्य भी इतना महत्त्वपूर्ण है कि खाद्य उपलब्ध न हो तो जनता के लिए हवा भी उपलब्ध नहीं होगी। पार्टी व सरकार की नीतियां जनता की जीविका का ध्यान रखने के लिए हैं। यदि जनता भूखी है तो यह गलती पार्टी व सरकार की है; यदि जनता शीतग्रस्त है तो यह गलती पार्टी व सरकार की है; यदि जनता अशिक्षित है तो यह गलती पार्टी व सरकार की है; यदि जनता रोगग्रस्त है तो यह गलती (भी) पार्टी व सरकार की है।'

उन्होंने बसंती (खाद्यान्न) उत्पादन व बचत अभियान चलाया। उन्होंने अकाल से निपटने के लिए बसंत ऋतु में धान के पुनर्रोपण तथा कम समय में उपज वाले सहायक खाद्यन्न उपजाने का मार्ग सुझाया।

उन्होंने किसानों के लिए भूमि व खेत कार्यक्रम चलाया ताकि खाद्यान्न की पैदावार बढ़ाई जा सके। इसी दिशा में पार्टी व सरकार ने भूमि सुधार के पांचवें चरण की शुरुआत की जो कि उत्तरी वियतनाम में सामंतवाद को खत्म करने का अंतिम चरण भी था। छह महीनों के अंदर ही डेल्टा, मध्य भूभाग तथा 280 पहाड़ी कम्यूनों में भूमि सुधार का काम बुनियादी तौर पर पूरा हो गया।

इस नीति के सफलतापूर्वक कार्यान्वयन ने वियतनामी जनता की आरामदेह जिंदगी का मार्ग प्रशस्त किया, आर्थिक पुनर्निर्माण व पुनरुद्धार में योगदान किया तथा उत्तरी वियतनाम को राष्ट्रीय एकीकरण संघर्ष के लिए एक सशक्त केंद्र का रूप दिया।

सामंतवाद के विरुद्ध निर्णायक अभियान में कुछ गलतियां व ज्यादतियां हुईं जिनके परिणामस्वरूप पार्टी, उसके नेता व कार्यकर्ताओं की छवि धूमिल हुई। हो चि मिन्ह ने आलोचना व आत्मालोचन के माध्यम से गलतियों को सुधारने का प्रयास किया और उसमें वह सफल हुए। इन सबसे एक सुदृढ़ समतामूलक वियतनामी समाज की मजबूत नींव पड़ी और 1975 में युद्ध की समाप्ति व देश के एकीकरण के पश्चात् दक्षिणी हिस्से में, उत्तर के अनुभव का लाभ उठाते हुए भूमि सुधार के साथ सामंतवाद के उन्मूलन की प्रक्रिया को अपनाया और वियतनाम के सुनहरे भविष्य की मजबूत नींव डाली।

हो चि मिन्ह ने पार्टी के नेतृवर्ग, कार्यकर्ता और वियतनामी जनता को बारंबार आगाह किया कि विदेशी आक्रमणकारियों के साथ यदि सामंतवाद को भी नेस्तनाबूद न किया गया तो विदेशी गुलामी से मुक्त होने के बावजूद जनता गुलाम ही रहेगी। इसलिए सितंबर 1945 में स्वाधीन वियतनाम की सरकार की स्थापना के तुरंत बाद सामंतवाद के विरुद्ध भी उसी दृढ़ता और जोश-ओ-खरोश के साथ पूरी मजबूती से जंग छेड़ी गई। उन्होंने इस बात का ख्याल रखा कि देश की एकता को बनाए रखते हुए कई चरणों में, कभी-धीमी तो कभी तीव्रगति से सुनियोजित अभियान चलाया।

सदियों से चली आ रही कुरीतियों, धार्मिक पाखंड, जड़ मानसिकता और पितृसत्तात्मक पारिवारिक संरचना के विरुद्ध जनोन्मुखी, विवेकपरक,

विज्ञानसम्मत सोच का उन्होंने न केवल आह्वान किया बल्कि उसके क्रियान्वयन पर विशेष जोर दिया। उपनिवेशवादियों, विदेशी आक्रमणकारियों के पृष्ठपोषण में पल रहे भूस्वामियों और कुलक लॉबी को समाप्त करने के लिए एक के बाद एक कई भूमि-सुधार कानून बनाए गए और यह विशेष ख्याल रखा गया कि कानूनों का सख्ती से जमीनी स्तर पर पालन हो।

यह सच है कि ऐसा करने में कतिपय हिंसात्मक वारदातें हुईं, दोषियों के साथ कुछ निर्दोष भी मारे गए और वर्ग-शत्रुओं के नाम पर ऐसे लोगों पर भी जुल्म ढाया गया जो वर्ग-शत्रु की परिधि में नहीं आते थे। इन वारदातों को लेकर कहीं-कहीं पार्टी की छवि धूमिल हुई, जनआक्रोश उभरा और हो चि मिन्ह के पास शिकायतों का अम्बार लग गया। हो चि मिन्ह ने विनम्रता से अपनी और पार्टी की भूल स्वीकारते हुए पार्टी के नेतृवर्ग व कार्यकर्ताओं को आदेश दिया कि वे जोर-जबरदस्ती की जगह हृदय परिवर्तन की प्रक्रिया को प्राथमिकता दें।

हालांकि किसी भी देश की व्यवस्था में जब समतामूलक समाज के गठन के लिए आमूलचूल परिवर्तन की चेष्टा होती है तो स्वभावत: शोषक-श्रेणी के लोग उसको सहज स्वीकार न कर हिंसात्मक प्रतिरोध करते हैं और उसका जवाब संगठित हिंसा से ही दिया जा सकता है।

सदियों से देश और समाज का अमानवीय व आपराधिक शोषण करने वाले सुविधाभोगी निहित स्वार्थी तत्व केवल मात्र प्रेम से समझाने-बुझाने व विनम्र अनुरोध करने से अपने विशेष अधिकार छोड़ने को तैयार नहीं होते। उनसे अधिकार छीने जाते हैं। हालांकि वियतनाम में आज भी वर्ग-भेद पर आधारित सामंतवाद के अवशेष यत्र-तत्र बचे खुचे हैं, परंतु समता पर आधारित वर्गहीन समाज की स्थापना में वियतनाम ने चमत्कारिक व ऐतिहासिक सफलता हासिल की है और इसका श्रेय स्वभावत: हो चि मिन्ह की दूरदर्शिता, व्यावहारिकता तथा उनके साथियों व उनकी पार्टी को जाता है।

वियतनाम स्वर्ग नहीं है परंतु वैसा नर्क भी नहीं है जहां मनुष्य को न्यूनतम मर्यादित जीवन के अधिकार से वंचित रखा जाता हो। अपनी

कमियों-खामियों के बावजूद वियतनाम जन-विरोधी शक्तियों व संरचना के विरुद्ध संघर्षरत है। हो चि मिन्ह भले ही सशरीर आज न हों परंतु उनके सिद्धान्त, आदर्श व जीवन-शैली लोगों को विपरीत परिस्थितियों से जूझने के लिए प्रेरित करती है।

1954 में आई भयंकर बाढ़ से व्यापक पैमाने पर फसल बर्बाद हुई थी। उसके साल भर बाद ही सूखा पड़ गया। दुश्मनों को लगा कि हो चि मिन्ह के नेतृत्व में गठित जनतांत्रिक गणराज्य प्राकृतिक आपदा का मुकाबला नहीं कर पाएगा, जिसका लाभ फ्रांसीसी उपनिवेशवादियों को मिलेगा। उनको बेहद निराशा हुई जब हो के नेतृत्व में गठित सरकार ने न केवल बाढ़ और सूखे का सफलतापूर्वक मुकाबला किया बल्कि इस बहाने देश की जनता को एकजुट करने में ऐतिहासिक सफलता भी पाई।

अक्टूबर 1945 में फ्रांसवासियों को संबोधित एक पत्र में हो चि मिन्ह ने लिखा–'क्या आप ऐसा नहीं समझते कि शांति, न्याय तथा लोकतांत्रिक आदर्शों पर स्थापित वास्तविक शांति को युद्ध का विकल्प बनना चाहिए, यह कि समस्त देश में जातीयताओं व नस्लों के बीच बिना किसी भेद-भाव के स्वतंत्रता, समानता व भ्रातृत्व स्थापित होना चाहिए।'

हो चि मिन्ह ने अपनी ओर से हर संभव प्रयास किया कि फ्रांस के साथ शांतिपूर्वक समझौता हो और वह वियतनाम को छोड़कर चला जाए।

समझौते के लिए एक के बाद एक कई वार्ताओं में उन्होंने वियतनामी प्रतिनिधि मंडल का नेतृत्व किया। वे फ्रांस की जनता, वहां के विभिन्न राजनीतिक दलों के नाम से अक्सर अपील करते रहे कि युद्ध समाप्त कर, शांति स्थापित कर वियतनाम की जनता को स्वतंत्रता, समानता व भ्रातृत्व के आदर्शों के अंतर्गत स्वायत्त सरकार की स्थापना का अधिकार मिले।

हो चि मिन्ह ने शांति-प्रयासों को जारी रखते हुए वियतनाम की जनता से यह आह्वान किया कि वह एकजुट होकर विदेशी आक्रमणकारियों के विरुद्ध निर्णायक मुक्ति-संघर्ष में शामिल हो।

हो चि मिन्ह के आह्वान के फलस्वरूप आबाल वृद्ध वनिता भी सशस्त्र संघर्ष में जी-जान से कूद पड़े।

1954 में मुक्ति-योद्धाओं को उस वक्त ऐतिहासिक सफलता मिली जब दिएन बिएन फू में मुक्ति-योद्धाओं ने फ्रांसीसी सैनिकों को जबर्दस्त शिकस्त दी।

निर्णायक पराजय से हताश तथा अंतरराष्ट्रीय दबाव से फ्रांसीसी सरकार जेनेवा समझौता वार्ता में शामिल हुई जिसमें यह निर्णय लिया गया कि दो वर्षों में कठपुतली सरकार के नियंत्रण में दक्षिण वियतनाम में चुनाव कराए जाएंगे, जनता की राय से वियतनाम के अकृत्रिम विभाजन को समाप्त कर देश को एकीकृत किया जाएगा।

दो वर्ष बीत गए। चुनाव तो दूर अमरीका के सीधे हस्तक्षेप से वियतनाम के विभाजन को स्थायी स्वरूप दिए जाने की साजिशें रची जाने लगीं ताकि अमरीका एशिया में एक और स्थायी सैन्य-गढ़ की स्थापना कर सके।

फ्रांस दुम दबाकर भागा तो अमरीकी नेतृत्व ने उसका स्थान लिया और अपने लाखों सैनिक वियतनाम की सरजमी पर उतार दिए किन्तु हो चि मिन्ह के नेतृत्व में अमरीकी साम्राज्यवादियों और उनकी कठपुतली सरकार के विरुद्ध हर स्तर पर संघर्ष जारी रहा।

1969 के प्रारंभ से ही हो अस्वस्थ रहने लगे थे और स्वास्थ्य में निरंतर गिरावट आ रही थी। उन्हें लगने लगा था कि वह अधिक दिनों तक नहीं जी पाएंगे। उनकी एकमात्र चिंता थी कि उनके मरणोपरांत मुक्ति युद्ध में किंचित मात्र भी शिथिलता न आए।

उन्होंने मुक्ति-योद्धाओं एवं देशवासियों से 10 मई, 1969 को मार्मिक अपील की। जिसे उनकी अंतिम वसीयत माना गया। इस अपील ने देशवासियों पर अमिट छाप छोड़ी और वे और दृढ़ प्रतिज्ञ हुए। फलस्वरूप चाचा हो के मरणोपरांत भी उनका नैतिक मनोबल एवं जोशोखरोश न सिर्फ बरकरार रहा बल्कि और अधिक बढ़ा। उन्होंने हो चि मिन्ह के सपनों को साकार किया और उनकी भविष्यवाणी को सच करके दिखाया कि देश एकीकृत होगा और अंततः उनकी विजय होकर रहेगी।

इस संदर्भ में एक मजेदार घटना का उल्लेख करना अप्रासंगिक नहीं होगा। एक बार फ्रेंच पत्रकार ज्यां लाकुतुरे ने मेकांग डेल्टा में प्रशासनिक

अधिकारी के रूप में काम कर रहे एक अमरीकी उच्च अधिकारी से पूछा–मुक्ति युद्ध का निर्णायक परिणाम क्या हो सकता है? उस अधिकारी ने हंस कर घमंड से जवाब दिया–'यह बताना बिल्कुल मुश्किल नहीं है। गुरिल्ला योद्धाओं के संघर्ष एवं अपराजेय जीवट के पीछे एवं उन्हें किसानों से मिलने वाली मदद के पीछे हो चि मिन्ह के नाम का जादू है। जब तक हमारे दुश्मनों के पास 'चाचा हो' जीवित है, तब तक उनका मनोबल अजेय है। हो चि मिन्ह, अब, बूढ़े हो गए हैं। अस्वस्थ भी रहने लगे हैं। वे कभी भी मर सकते हैं। जिस दिन उनकी मृत्यु होगी, वियतकांग की जुझारू चेतना अपने प्रेरणास्रोत नेता के अभाव में मंद पड़ जाएगी। उनका मनोबल धराशायी हो जाएगा और अंततः जीत हमारी होगी।'

उस अमरीकी अधिकारी की उक्त गर्वोक्ति कितनी थोथी और गलत साबित हुई इसका पता इसी से चलता है कि हो चि मिन्ह की मृत्यु के पश्चात् भी (1969) में मुक्ति संघर्ष छह वर्षों तक निरंतर न सिर्फ जारी रहा वरन् 1975 में अमरीकी हमलावरों को पूरी तरह खदेड़ कर अंततः वियतनाम ने विजय हासिल की। उत्तर और दक्षिण वियतनाम एक हुए। पूरे वियतनाम को स्वाधीनता मिली। अमरीकी सेनाओं को मुंह की खानी पड़ी और पराजित हो लौटना पड़ा।

हो चि मिन्ह के नाम का जादू लोगों के दिलोदिमाग पर तब भी था जब वे जीवित थे। तब भी रहा जब वे प्रयाण कर गए, और आज भी छाया हुआ है। यह संभवतः 10 मई 1969 में हो चि मिन्ह द्वारा लिखी गई वसीयत का ही करिश्मा था जिसने वियतनाम की जुझारू चेतना को जीवित रखा। यहां उनकी वह वसीयत अविकल प्रस्तुत है:–

'यह सही है कि अमरीकी आक्रमण के विरुद्ध राष्ट्रीय मुक्ति के लिए लड़ रही हमारी जनता को और भी अधिक मुश्किलों का सामना करना पड़ सकता है तथा और भी बड़े बलिदान देने पड़ सकते हैं, पर हमारी संपूर्ण विजय होकर रहेगी। यह निश्चित है। जब ऐसा होगा, मैं दक्षिण और उत्तर दोनों का दौरा कर अपने बहादुर देशवासियों, कैडरों और योद्धाओं को बधाई दूंगा, बूढ़े लोगों के पास जाऊंगा, प्यारे नौजवानों और बच्चों से मिलूंगा।

अपने देश की जनता की ओर से समाजवादी कैम्प के बिरादर देशों और सारी दुनिया के मित्र देशों में जाऊंगा और इस बात के लिए धन्यवाद दूंगा कि उन्होंने अमरीका के आक्रमण के विरुद्ध हमारी जनता के मुक्ति-संघर्ष को पूरे हृदय से समर्थन और सहायता दी।

चैंग-काल के प्रसिद्ध चीनी कवि तु फु ने लिखा है : 'कम लोग होते हैं जो सत्तर की उम्र पार कर पाते हैं।' इस वर्ष मैं उन्यासी का हो जाऊंगा और अपने आप को मैं उन 'कम' लोगों में शामिल कर सकता हूं। अभी तक मानसिक रूप से पूरी तरह फिट हूं। हां, शारीरिक रूप से पिछले कुछ वर्षों से स्वस्थ नहीं हूं। सत्तर से अधिक वसंत जिसने देख लिए हों, उसके स्वास्थ्य में बढ़ती उम्र के कारण गिरावट आना स्वाभाविक है।

कौन कह सकता है कि अब और कितने दिनों तक मैं क्रांति और अपनी पितृभूमि की सेवा कर पाऊंगा?

मैं जब कार्ल मार्क्स, लेनिन एवं अन्य क्रांतिकारी पूर्वजों की पंक्ति में शामिल हो जाऊंगा, उस दिन का पूर्वाभास करते हुए आज अग्रिम तौर पर कुछ पंक्तियां लिखने जा रहा हूं ताकि सारे देश की जनता, पार्टी के हमारे कॉमरेड और दुनिया भर के दोस्तों को आश्चर्य न हो।

पहले पार्टी के लिए-श्रमिक वर्ग जनता और पितृभूमि के प्रति स्थापना के बाद से ही, हमारी पार्टी जनता को एकबद्ध एवं संगठित करने की दिशा में महत्त्वपूर्ण काम करती रही है इस कारण जनता ने अपने संघर्ष में एक के बाद एक कामयाबी हासिल की है। एकता हमारी पार्टी और जनता की सबसे मूल्यवान परंपरा है। केंद्रीय समिति से नीचे की इकाई तक, सभी साथी, इस एकता और मन के एक्य भाव को सुरक्षित और संभाल कर रखें अपनी आंख के तारे की तरह।

पार्टी के भीतर गणतांत्रिक मूल्यों को स्थापित करने एवं एकता व भाईचारे को बनाए रखने के लिए नियमित आत्मालोचना एवं आलोचना सबसे उपयुक्त तरीका है। साथियों के बीच आपसी सौहार्द्र बना रहना चाहिए।

हमारी पार्टी सत्ता में है। पार्टी के प्रत्येक सदस्य को, प्रत्येक कैडर को क्रांतिकारी भावना से ओत-प्रोत होना होगा। अपने उद्यम, मितव्ययिता,

निष्ठा एवं पूर्ण समर्पण के साथ निस्वार्थ भाव से जनता के हितों के लिए काम करना होगा। हमारी पार्टी अपने आदर्शों की पूरी इमानदारी से रक्षा करेगी एवं दक्ष नेता की भूमिका का निर्वाह करते हुए जनता के प्रति वफादार रहेगी। युवा संघ के सदस्य एवं हमारे नौजवान सामान्यतया अच्छे हैं; वे हमेशा आगे बढ़ने को तत्पर हैं, निडर हैं और बाधाओं से घबराने वाले नहीं हैं और प्रगति के मार्ग पर बढ़ने के लिए उत्सुक हैं। पार्टी इन नौजवानों की क्रांतिकारी भावना को प्रोत्साहित करेगी और समाजवाद के निर्माण के लिए हमारे उत्तराधिकारी के रूप में प्रशिक्षित करेगी।

भावी क्रांतिकारी पीढ़ी को प्रशिक्षित एवं शिक्षित करना अत्यंत महत्त्वपूर्ण भी है और जरूरी भी।

हमारी श्रमजीवी जनता, जो समतल भूमि और पहाड़ों, दोनों जगह रहती है, ने पीढ़ी दर पीढ़ी कठिनाइयों को झेला है, सामंती एवं औपनिवेशिक दमन एवं शोषण का शिकार हुई है और इसके साथ-साथ कई वर्षों से युद्धों के बीच जीवन यापन करती रही है। इन सब के बावजूद हमारी जनता ने अत्यंत बहादुरी, साहस, उत्साह एवं उद्यम का परिचय दिया है, जब से पार्टी अस्तित्व में आई है, तब से पार्टी के आदेशों का वफादारी से, सच्चे मन से पालन किया है।

पार्टी को जनता के आर्थिक एवं सांस्कृतिक विकास के लिए प्रभावी योजनाएं बनानी होंगी, ताकि उनके जीवन को बेहतर बनाया जा सके।

अमरीकी आक्रमण के विरुद्ध प्रतिरोध का युद्ध और खिंच सकता है। हमारी जनता को और भी बलिदान देने पड़ेंगे। जो भी हो, हमें अमरीकी आक्रमणकारियों के साथ दृढ़ता के साथ तब तक लड़ना होगा, जब तक कि हम पूरी तरह से जीत नहीं जाते।

हमारे पहाड़ हमेशा रहेंगे
हमारी नदियां हमेशा रहेंगी
हमारी जनता हमेशा रहेगी
अमरीका को हराने के बाद
हम अपनी भूमि को
दस गुना सुंदर बनाएंगे।

कितनी भी कठिनाइयां और कष्ट सामने आएं, हमारी जनता की पूर्ण विजय सुनिश्चित है। अमरीकी उपनिवेशवादियों को विदा होना ही होगा। हमारी पितृभूमि निश्चय ही एक होगी। दक्षिण और उत्तर दोनों के हमारे साथी देशवासी एक होंगे। हमारा छोटा सा देश एकमात्र देश होगा जिसे दो बड़े औपनिवेशिक राष्ट्रों-फ्रांस और अमरीका को अपने वीरोचित संघर्ष द्वारा हराने का गौरव हासिल होगा। और इस तरह विश्व के राष्ट्रीय मुक्ति आंदोलनों में यह एक महत्त्वपूर्ण योगदान होगा।

विश्व के साम्यवादी आंदोलन के बारे में संपूर्ण जीवन क्रांति को समर्पित करने वाले व्यक्ति के रूप में मैं तब बहुत गर्वित होता हूं जब अंतर्राष्ट्रीय साम्यवादी एवं श्रमिक आंदोलनों को विकसित होते हुए देखता हूं, लेकिन उस समय अत्यंत दुखी हो जाता हूं, जब भ्रातृवत् पार्टियों में आपसी फूट व मतभेद देखता हूं।

मुझे उम्मीद है, हमारी पार्टी मार्क्सवाद-लेनिनवाद एवं सर्वहारा अंतर्राष्ट्रीयतावाद के आधार पर तर्क एवं भावनाओं, दोनों के संतुलन से अन्य पार्टियों के बीच एकता बहाल करने में प्रभावी योगदान देगी।

मेरा दृढ़ विश्वास है कि अन्य पार्टियां भी एकजुट होंगी एवं देश पुनः एक होगा।

व्यक्तिगत बातें–पूरी जिंदगी अपनी पूरी ताकत एवं पूरे हृदय से पितृभूमि, क्रांति एवं लोगों के लिए काम किया है। अब अगर मैं चला भी जाऊं, तो मुझे अफसोस नहीं होगा, सिवाय इस बात के कि मैं और अधिक दिनों तक और अधिक सेवा कर सकता था।

जब मैं प्रयाण कर जाऊं तो मेरे अंतिम-संस्कार पर बड़े आयोजन से बचा जाए ताकि जनता का धन और समय बरबाद न हो।

अंत में, समस्त जनता, पूरी पार्टी, सारी सेना, मेरे भतीजे-भतीजियों, नौजवानों और बच्चों, तुम सबके लिए बेइंतहा, असीम प्यार छोड़ के जा रहा हूं।

मैं सारी दुनिया के अपने साथियों और दोस्तों, नौजवानों और बच्चों को हार्दिक शुभकामनाएं प्रेषित करता हूं।

मेरी अंतिम इच्छा है कि हमारी पूरी पार्टी और जनता, मिल-जुलकर शांतिमय, एकीकृत, स्वतंत्र, गणतांत्रिक और समृद्धशाली वियतनाम का निर्माण करें एवं विश्व-क्रांति में अहम् योगदान दें।'

संघर्ष के दौरान ही 2 सितंबर, 1969 को हो चि मिन्ह का निधन हो गया। मृत्यु के पूर्व हो चि मिन्ह ने कहा था कि वियतनाम की जनता को मेरा शोक मनाने के बजाय राष्ट्रीय दिवस पूरे हर्षोल्लास व उत्साह के साथ मनाने दिया जाए।

हो चि मिन्ह की अपील का असर यह हुआ कि उनके निधन के पश्चात वियतनामी जनता नई स्फूर्ति के साथ मुक्ति-संग्राम में जुटी रही और अंततः 30 अप्रैल 1975 को वियतनाम विदेशी आक्रमणकारियों और दासत्व से पूर्णतः मुक्त हुआ और इसका एकीकरण हुआ।

हो चि मिन्ह की मृत्यु को 43 वर्ष हो चुके हैं। वियतनाम को आजाद हुए भी 38 वर्ष गुजर चुके हैं। विदेशी आक्रमणकारियों द्वारा पूरे वियतनाम को भौतिक दृष्टि से नेस्तनाबूद कर दिया गया था। युद्ध में चालीस लाख से अधिक ने प्राणाहुति दी थी, कई शहर, गांव, कल-कारखाने, खेती की जमीन, स्कूल-अस्पताल अमानवीय, बर्बर गोलाबारी से विनष्ट कर दिए गए थे और यह सिलसिला आज से मात्र 37 साल पहले तक जारी था। इसे चमत्कार ही कहेंगे कि आर्थिक दृष्टि से पूरी तरह ध्वस्त देश वियतनाम इतने कम समय में आज विकासशील देशों की अग्रिम पंक्ति में खड़ा है।

क्या यह सब किसी दैवीय चमत्कार से संभव हुआ? जी नहीं। वियतनाम की जनता आज भी हो चि मिन्ह के आदर्शों-सिद्धान्तों और उनकी जीवन-शैली से प्रेरणा लेते हुए समानता, स्वतंत्रता व सामाजिक न्याय पर आधारित समाज व देश के निर्माण में जी-जान से जुटी है।

अपने लक्ष्य की प्राप्ति में उसे काफी हद तक सफलता मिली है बावजूद इसके कि उसे असफलताओं का सामना भी करना पड़ा है।

असमानता बढ़ी है, भ्रष्टाचार बढ़ा है, परंतु कई स्तरों पर, कई दिशाओं में वियतनामी समाज एशिया के अन्य देशों की तुलना में, जिसमें भारत शामिल है, विशेषकर वहां की गरीब जनता, एक सुनहरे भविष्य के प्रति आशान्वित है।

इसकी वजह यह है कि आज भी कई दिशाओं, कई क्षेत्रों में, समय व स्थितियों में हो रहे परिवर्तनों के बावजूद अपने लक्ष्य की प्राप्ति में हो चि मिन्ह का व्यक्तित्व उनके आदर्श व सिद्धान्त वियतनामी जनता के सशक्त हथियार हैं जिनसे वह जन-विरोधी विपरीत परिस्थितियों का सामना करने में सक्षम है।

हो चि मिन्ह के विचार

इस परिच्छेद में हो चि मिन्ह के कुछ विचारों को उद्धृत किया जा रहा है। उनके विचार न तो उपदेशात्मक प्रवचन हैं, न ही उतोपियन हैं। ऐतिहासिक विकासवाद में विचार अत्यंत महत्त्वपूर्ण भूमिका अदा करते हैं। वियतनाम को फ्रांस की ओपनिवेशिक सत्ता से मुक्त कराने के लिए एवं स्वाधीन राष्ट्र के रूप में दुनिया के नक्शे पर लाने के लिए डॉ. हो ने जो क्रांतिकारी वैचारिक एवं व्यावहारिक रणनीति तैयार की, उसकी बुनियाद में लेनिन के तर्क एवं सिद्धान्त थे। इन तर्कों एवं सिद्धान्तों की रोशनी में उन्होंने अपने अनुभवों एवं चिंतन को क्रांति के लिए प्रशस्त किया। वे अपने देश के हर व्यक्ति को स्वतंत्र एवं खुशहाल देखना चाहते थे। पूरा वियतनाम उनके लिए एक परिवार था और उस वृहत्तर परिवार के एक-एक सदस्य के दुख-सुख की चिंता उन्हें रहती थी। वे एक ऐसे लौहपुरुष थे जिन्होंने क्रांतिकारी विचारों को लागू करने के लिए जो भी कार्यक्रम और नीतियां अपनाईं और पार्टी के माध्यम से उन्हें लागू किया वह उनकी अद्‌भुत कार्यकुशलता एवं प्रेरक विचारों के फलस्वरूप संभव हुआ। वे कहा करते थे:–

सहज काम भी बिना जनता के नहीं हो सकता जबकि कठिनतम काम भी हो जाता है। उनकी मदद से हमें समय की बचत करनी होगी। मसलन संगठन में सुधार कर, कार्यकुशलता को बढ़ा कर जो काम हम दो दिन में किया करते थे, उसे हम एक दिन में पूरा कर सकते हैं। हमें श्रम की बचत करनी होगी। मसलन बेहतर संगठन तथा उच्च मान की कार्यकुशलता से जो काम दस व्यक्ति किया करते थे, वही अब पांच व्यक्तियों से संभव हो जाएगा।

हो चि मिन्ह के विचार:

'स्वाधीनता व आजादी से बेशकीमत कुछ भी नहीं। अपना मुल्क खोने और फिर से गुलाम होने से तो बेहतर है कि हम अपना सर्वस्व बलिदान कर दें।'

(राष्ट्रव्यापी प्रतिरोध की अपील/हो चि मिन्ह कम्प्लीट वर्क्स, खं–4/सु–थाट पब्लिशिंग हाउस, हनोई, पृष्ठ–10)

'अमरीकी हमले के विरुद्ध प्रतिरोध की लड़ाई लम्बी चल सकती है। हमारी जनता को नये सिरे से जीवन व सम्पत्ति का बलिदान करना पड़ सकता है। चाहे जो हो अमरीकी हमलावरों के विरुद्ध संपूर्ण विजय प्राप्त होने तक हमें लड़ाई का अपना संकल्प दृढ़ रखना होगा। हमारे पर्वत हमेशा रहेंगे, हमारी नदियां हमेशा रहेंगी, हमारी जनता हमेशा रहेगी; अमरीकी हमलावरों को हरा कर हम अपनी भूमि को दस-गुना सुन्दर बनाएंगे।'

'दुनिया में जनता से अधिक बेशकीमत कुछ भी नहीं। जनता के भाईचारे से अधिक ताकतवर दुनिया में कोई शक्ति नहीं।'

'समाज में जनता के हितों की सेवा से अधिक खूबसूरत और गौरवमय कुछ भी नहीं।'

(वियतनाम पीपुल्स युनिवर्सिटी के द्वितीय राजनीतिक अध्ययन पाठ्यक्रम पर 8 दिसम्बर, 1956 को बोलते हुए हो चि मिन्ह। हो चि मिन्ह कम्प्लीट वर्क्स, खं-7,सु-थाट पब्लिशिंग हाउस, पृष्ठ–544)

'देशभक्ति के जज्बे में तीन मुख्य लक्ष्य हैं–दुर्भिक्ष का मुकाबला करना, निरक्षरता दूर करना और विदेशी हमलावरों को हराना। दूसरे शब्दों में जनता को सुखी जीवन देना, सभी को साक्षर बनाना और मातृभूमि को स्वाधीन व आजाद करना।'

(दैनिक न्हान दान, अंक–15, 5 जुलाई 1951 में प्रकाशित लेख से। हो चि मिन्ह कम्प्लीट वर्क्स, खं-6 (1951–1954), सु-थाट पब्लिशिंग हाउस, हनोई, पृष्ठ–901)

'सूर्य को उदय होने से कोई रोक नहीं सकता और जनता की इच्छाओं के विरुद्ध कोई जा नहीं सकता।'

(22 दिसम्बर 1955 को भारतीय साप्ताहिक पत्रिका न्यू एज के संवाददाता को दिए साक्षात्कार से जो न्हान दान के 5 जनवरी 1956 के अंक 673 में प्रकाशित हुआ।)

'यदि आज हमारे समाज के पास खाने को भात, पहनने को कपड़ा और रहने को घर है तो हमें कामगर जनता का शुक्रगुजार होना होगा। हमारी सम्पदा, स्वाधीनता व लोकतंत्र भी कामगर जनता के कारण ही है। यदि हम ज्ञान का विस्तार कर पा रहे हैं तो उसके लिए भी हमें श्रम (बौद्धिक श्रम) का शुक्रगुजार होना होगा। इसीलिए श्रम ही मनुष्य की मुख्य अभिप्रेरक शक्ति है और यह राष्ट्रीय मुक्ति की भी शक्ति है।'

(1 मई 1948 को देशभर के श्रमिकों को लिखे एक पत्र में। हो चि मिन्ह–इवेंट्स, इन्फॉर्मेशन एंड थ्योरिटिकल स्टडीज पब्लिशिंग हाउस)

'अपने देश के निर्माण के हर क्षेत्र में हमें इंजीनियरों, विशेषज्ञों व दक्ष कारीगरों की कमी महसूस होती है...इसलिए हमें पूरे जोशोखरोश के साथ उच्च व व्यावसायिक शिक्षा को विकसित करना होगा। और साथ ही निरक्षरता दूर करनी होगी।'

(कू–क्वोक साप्ताहिक, 1 मई 1948 में देश भर के श्रमिकों को लिखे पत्र में।)

'शिक्षा, जनता का काम है। सफलतापूर्वक इस कार्य की सिद्धि के लिए हमें समाजवादी लोकतंत्र को पूरा अवसर देना होगा तथा शिक्षक व शिक्षक के बीच, शिक्षकों व छात्रों के बीच, स्वयं छात्रों के बीच, हर स्तर पर कार्यकर्ताओं के बीच तथा विद्यालयों व जनता के बीच अच्छे संबंध व सघन एकजुटता स्थापित करनी होगी।'

'शिक्षा का लक्ष्य है हमारी पार्टी व जनता के महान क्रांतिकारी उद्देश्य के उत्तराधिकारियों को प्रशिक्षित करना और तदनुरूप पार्टी की सभी शाखाओं व स्तरों तथा प्रशासन को इस काम की बेहतर देख-रेख करनी होगी, हर क्षेत्र के विद्यालयों की देख-रेख करनी होगी ताकि अपने देश में शिक्षा को विकास के नवीन व उच्चतर स्तर पर ले जाया जा सके।'

(नये अकादमिक वर्ष 1968-69 के उपलक्ष्य में शिशु-कक्षाओं, साधारण विद्यालयों, सम्मानसूचक शिक्षा विद्यालयों, व्यावसायिक विद्यालयों व विश्वविद्यालयों को लिखे पत्र में। हो चि मिन्ह फॉर इंडिपेंडेंस एंड फ्रीडम फॉर सोसलिज्म। सु-थाट पब्लिशिंग हाउस, हनोई, 1970, पृष्ठ 316, 317)

'ज्ञानार्जन या सीखने की कोई सीमा नहीं। प्रगति के लिए हमें निरंतर सीखने की आवश्यकता है। हम जितना अधिक प्रगति करेंगे, उतना अधिक हमें सीखना होगा।'

(न्हान दान दैनिक, 25 नवंबर 1959 को प्रकाशित फौज को लिखे पत्र में। हो चि मिन्ह कम्प्लीट वर्क्स, खं-5, पृ-213)

'यह याद रखो कि आज तुम्हारे भाई, बहनें, चाचा-चाचियां लड़ाई में कुर्बानियां दे रहे हैं ताकि तुम्हें गुलामी में न रहना पड़े और तुम सुखी व स्वाधीन जीवन जी सको। आज वयस्क पुनः स्वाधीनता अर्जित करने के लिए प्रतिरोध में जुटे हैं। कल तुम्हें हमारी स्वाधीनता की रक्षा करनी होगी। इसीलिए तुम्हें अधिक से अधिक प्रयास शिक्षा और अन्य कार्य में करने चाहिए।'

(19 अगस्त 1949 को बच्चों को लिखे एक पत्र में। हो चि मिन्ह कम्प्लीट वर्क्स, खं-5, सु-थाट पब्लिशिंग हाउस, हनोई, पृष्ट-273)

'स्वाभाविक है कि जब राष्ट्र दमन के अंतर्गत जी रहा हो तो साहित्य व कला भी अपनी स्वाधीन सत्ता खो देंगे। यदि उन्हें

आजाद रखना है तो लेखकों व कलाकारों को क्रांति में शामिल होना होगा।'

(दिसंबर 1962 में लेखकों-कलाकारों की तृतीय कांग्रेस को संबोधित करते हुए। ऑन कल्चर, लिटरेचर एंड आर्ट्स—वान होआ पब्लिशिंग हाउस-1972, पृ.631)

'यदि हमें प्रचार जनता के बीच करना है तो हमें वह जबान सीखनी होगी, जो जनता बोलती है, क्योंकि तभी हमारा संदेश जनता समझ पाएगी। एक कहावत है- खाने, बोलने, लपेटने और खोलने का तौर-तरीका सीखो। बोलना भी सीखने की जरूरत होती है। हमें बोलना सीखना चाहिए क्योंकि जनता के बोलने का तौर-तरीका अत्यंत जीवंत, व्यावहारिक, उपयुक्त व सहज होता है। हमारे प्रचार-कार्यकर्ता वह तौर-तरीका नहीं सीख पाते इसलिए उनका लेखन व भाषण शुष्क व अनमनीय होता है और उसमें जिंदादिली और व्यावहारिकता का अभाव होता है।'

(पुस्तक अगेंस्ट प्रैटलिंग में अक्तूबर 1947 में लिखे लेख-रिनोवेशन ऑफ द वर्किंग स्टाइल से। ऑन कल्चर, लिटरेचर एंड आर्ट्स। वान होआ पब्लिशिंग हाउस, हनोई, 1972 पृष्ट-101)

'संस्कृति, साहित्य व कला भी एक मोर्चा है; और आप हैं उस मोर्चे के योद्धा।'

(राष्ट्रीय कला प्रदर्शनी 1951 के उपलक्ष्य में 10 दिसंबर 1951 को चित्रकारों को लिखे पत्र से। 'ऑन कल्चर, लिटरेचर एंड आर्ट्स।' वान होआ पब्लिशिंग हाउस, हनोई, पृष्ठ-191)

'जनता रचनाकार है। श्रमिक व कृषक भी रचनाकार हैं। परंतु वे केवल समाज की भौतिक संपदा का निर्माण नहीं करते । वे अनेक कलात्मक कृतियों के रचनाकार भी हैं। निश्चय ही आप जानते होंगे कि हमारे मुहावरों और लोकप्रिय कहावतों के रचयिता

कौन हैं। जनता के अतिरिक्त और कोई नहीं। अत्यंत सुंदर मुहावरों और लोकप्रिय गीतों की रचना जनता ने ही तो की है।'

(30 अक्टूबर 1958 को सांस्कृतिक कार्यकर्ताओं के सम्मेलन को संबोधित करते हुए। 'ऑन कल्चर, लिटरेचर एंड आर्ट्स।' वान होआ पब्लिशिंग हाउस, हनोई—1972 पृष्ठ-361)

'जनता ऐसी कलाकृतियों को देखना व पढ़ना चाहती है जो शिक्षाप्रद हों और जिनमें विविधता का अंश हो साथ ही जिनके निष्पादन में चमक-दमक और चटकीलापन हो। जब तक देखा व पढ़ा न हो वे उन्हें देखना व पढ़ना चाहें और देखने या पढ़ने के पश्चात् वे संतोष का अनुभव करें।'

(दिसंबर 1962 में लेखों-कलाकारों की तृतीय कांग्रेस को संबोधित करते हुए। 'ऑन कल्चर, लिटरेचर एंड आर्ट्स।' वान होआ पब्लिशिंग हाउस, हनोई-1972 पृष्ठ-641)

'सभी व्यक्तियों को समान बनाया गया है और उनके रचनाकार ने उन्हें अहस्तांतरणीय कुछ अधिकार दिये जिनमें जीवन, स्वतंत्रता तथा सुख की खोज भी हैं।'

यह अमर बयान 1776 में संयुक्त राज्य अमेरिका की स्वाधीनता की उद्घोषणा में दिया गया। मोटे तौर पर इसका अर्थ है कि जन्मगत रूप से इस पृथ्वी की समस्त जनता समान है तथा उसे जीवन जीने व स्वतंत्र और सुखी रहने का अधिकार है।'

'इस दुनिया में जनता से अधिक बेशकीमत कुछ भी नहीं। इस दुनिया में जनता के भाईचारे की शक्ति से मजबूत कुछ भी नहीं।'

'समाज में जनहित की सेवा से अधिक खूबसूरत व गौरवमय कुछ भी नहीं।'

समाज का लक्ष्य है जनता के भौतिक व सांस्कृतिक स्तर को समुन्नत करना और इसका निर्माण भी स्वयं जनता ही करती है।

(हो चि मिन्ह्स कलेक्टेड वर्क्स, खंड-10, पृष्ठ 556)

नदी का अपना स्रोत होना चाहिए, जहां से उसे पानी मिलता रहे। स्रोत के बिना नदी सूख जाएगी। उसी प्रकार वृक्ष की जड़ें होनी चाहिए, जिनके बिना वह मुरझा जाएगा। क्रांतिकारी को भी (उसी तरह से) सद्‌गुण-संपन्न होना चाहिए जिसके बिना वह चाहे कितना भी प्रतिभाशाली हो, जनता का नेतृत्व नहीं कर पाएगा।

(हो चि मिन्ह्स कलेक्टेड वर्क्स, खंड-5, पृष्ठ 252)

कुछ प्रेरक प्रसंग

सितम्बर 1945 में फ्रांसिसी उपनिवेशवाद से मुक्त उत्तर वियतनाम में एक सार्वभौम राष्ट्र के रूप में वियतनाम जनतांत्रिक गणतंत्र की स्थापना हुई, जिसके राष्ट्रपति 'हो चि मिन्ह' बने। उस वक्त वियतनाम भयंकर अकाल से जूझ रहा था। और कुपोषण व भूख से लोग मर रहे थे। मुक्ति-युद्ध जारी था। दक्षिण-वियतनाम अभी भी फ्रांस के आधिपत्य में था और उत्तर-वियतनाम के कुछ हिस्सों में अभी भी लड़ाई चल रही थी। मतलब यह कि एक तरफ युद्ध दूसरी तरफ अकाल इन विषम परिस्थितियों में हो चि मिन्ह ने किस तरह सफलतापूर्वक देश को एक साल के भीतर अकाल से मुक्त किया, यह विश्व इतिहास में अपने ढंग का अकेला उदाहरण है।

हो ने वियतनाम की जनता का आह्वान करते हुए कहा–'जहां जितनी जमीन है, लोग अनाज और सब्जियां, पैदा करें। खाने योग्य अनाज, सब्जियों, पत्तियों के पौधे लगाएं। खेतों में ही नहीं, अपने घरों के सहन में, बरामदों में, गमलों में, छतों पर। जहां भी जितनी भी जमीन उपलब्ध हो।' आगे उन्होंने कहा लोग मिल-बांटकर खाएं, जमाखोरी न करें। उनके आह्वान का जादू सा असर हुआ। एक साल के अंदर ही अकाल पर काबू पा लिया गया। इसी प्रकार उन्होंने निरक्षरता के विरुद्ध जबरदस्त अभियान चलाया। 1945 में वियतनामी जनतांत्रिक गणतंत्र की जब स्थापना हुई थी, देश में, उस वक्त नब्बे प्रतिशत लोग निरक्षर थे। राष्ट्रपति हो ने कहा 'केवल आजादी पर्याप्त नहीं है, अगर देश की इतनी बड़ी जनसंख्या अनपढ़ हो। मुक्ति-युद्ध के साथ-साथ उन्होंने निरक्षरता के विरुद्ध भी युद्ध का एलान किया। स्कूलों में, घरों में, पेड़ की छाया तले, यहां तक कि बंकरों में भी साक्षरता अभियान चलाया गया। मुक्ति-युद्ध के दौरान ही

1960 तक वियतनाम में नब्बे प्रतिशत लोग साक्षर हो चुके थे, इतनी विपरीत और कठिन परिस्थितियों के बावजूद। साक्षरता के साथ-साथ बच्चों और वयस्कों को देशभक्ति का पाठ भी पढ़ाया जाता था और एक, समतामूलक समाज की संरचना के लिए समाजवादी आदर्शों को लागू करने में हिस्सेदारी के लिए प्रशिक्षित किया जा रहा था। यह था हो चि मिन्ह का दूसरा करिश्मा।

× × ×

एक बार चाचा हो वियतनाम के एक एथनिक-ग्रुप (जाति-समूह) के लोगों से बात कर रहे थे। उन्होंने हंस कर कहा—आजकल 'नवजीवन' के बारे में मीडिया में काफी कुछ कहा जा रहा है, परंतु इसे लागू कैसे किया जाए क्या आपको पता है?

एक थाई महिला ने फौरन उत्तर दिया—अंकल, इसका मतलब है कि पुरानी इमारतों को नष्ट कर नई इमारतें बनाए जाएं।

चाचा हो मुस्कराये और बोले—'सारी पुरानी चीजें नष्ट कर दी जाएं?'

उत्तर में किसी ने कुछ नहीं कहा, सब एक-दूसरे की ओर देखते रहे। अंततः राष्ट्रपति ने नरमी से बताया—'हम सारी पुरानी चीजों को नष्ट नहीं करते। हम केवल खराब पुरानी चीजों को नष्ट करते हैं। मसलन यदि कोई मकान इस्तेमाल के काबिल है तो हम उसे रखेंगे (नष्ट नहीं करेंगे)। यदि वह छोटा है तो उसका विस्तार करेंगे। यदि वह टूटा-फूटा और चू रहा है तो हम उसकी मरम्मत करेंगे। रोगों की रोक-थाम करनी होती है तो हम पानी उबाल कर पीते हैं। यदि सड़कें कादा-कीचड़ से भरी हैं तो हम उन्हें ऊंचा उठा कर मजबूत करते हैं। घर गंदा है तो हम साफ-सफाई करते हैं। बीमार होते हैं तो दवाखाना जाते हैं न कि भूत-प्रेत की पूजा जैसे अंधविश्वासों की शरण लेते हैं।... यही 'नवजीवन' कहलाता है।'

चाचा हो, साथियों को हर बात ऐसे समझा कर बताते थे कि उनके जेहन में किसी प्रश्न की गुंजाइश ही नहीं रहती।

× × ×

प्रत्येक दिन हो चि मिन्ह भोर में सूर्योदय से पहले जब पूरब का आसमान लाल होने लगता था–गर्मियों में सुबह 5 बजे तथा सर्दियों में साढ़े पांच बजे- उठ जाते थे। वे धीरे से अपने पैर काठ के फर्श पर रखते, टहलते हुए काठ की सीढ़ियों के पास आते, चौदह सीढ़ियां उतर कर नीचे आते और वही रबड़ की चप्पल पैरों में डाल लेते।

एक दिन एक सहयोगी ने बड़ी सहजता से पूछा–चाचा, आपकी चप्पलों की कई बार मरम्मत हो चुकी है। बहुत कम है इनकी कीमत। आप कहें तो आपके लिए एक जोड़ी नई चप्पलें खरीद ली जाएं।

चाचा हो ने नरमी से जवाब दिया- चप्पलों की कीमत नहीं, उपयोगिता देखनी चाहिए। मेरी चप्पल अभी भी इस्तेमाल के काबिल है, इसलिए नई नहीं खरीदनी चाहिए। देश गरीब है इसलिए हमें मितव्ययी होना चाहिए।

× × ×

एक बार सैनिकों के उत्साहवर्धन के लिए हो चि मिन्ह युद्ध के मोर्चे पर जा रहे थे। रास्ता बहुत ऊबड़-खाबड़ और दुर्गम था। उनकी सुविधा के लिए मुक्ति योद्धाओं ने पालकीनुमा सवारी पर बैठा कर ले जाने की पेशकश की। राष्ट्रपति 'हो' ने दृढ़ता एवं विनम्रता के साथ उस वाहन पर जाने से इनकार करते हुए कहा–'मैं अपने अन्य साथियों, सहयोगियों व मुक्ति-योद्धाओं के साथ पैदल जाऊंगा।' वे पैदल ही गये और वह भी सौ-पांच सौ गज नहीं बल्कि मीलों तक।

रात होती थी, तब कहीं किसी पेड़ के नीचे अन्य साथियों की तरह विश्राम करते थे। अगर कहीं एक-दो दिन रुकना होता, तो जंगलों-पहाड़ों के बीच घास-फूस और बांस की मदद से एक अस्थायी झोपड़ी बनाई जाती थी और उसे ही राष्ट्रपति-निवास की संज्ञा दी जाती थी, प्रोटोकॉल के तहत।

× × ×

एक बार मोर्चे पर जाने के लिए गाड़ी की व्यवस्था की गई। हो चि मिन्ह ने कहा, फौजियों को लाना–ले जाना, रसद पहुंचाना हमारी प्राथमिकता है। जाहिर है, मोर्चे तक वे स्वयं पैदल ही गए।

इन यात्राओं के दौरान हो चि मिन्ह अपने सहयात्रियों से न केवल युद्ध कौशल की बात करते थे, बल्कि उन्हें कहानी-किस्से सुनाते थे, कविताएं सुनाते थे और हंसी मजाक भी करते थे। ज्ञात रहे, उस वक्त हो चि मिन्ह वियतनाम गणतंत्र के राष्ट्रपति बन चुके थे। राष्ट्रपति रहते हुए भी उन्होंने अपने आप को आम आदमी माना और हर किसी के प्रति स्नेह के साथ बराबरी के स्तर पर स्नेह व्यवहार करते थे।

ऐसे थे हो। असाधारण होकर भी अपने आप को साधारण मानना और साधारण से साधारण आदमी को अपनत्व से जोड़ लेना।

× × ×

हो चि मिन्ह न तो लंबे भाषण देते थे और न ही उच्च सैद्धांतिक विषयों की अनावश्यक चर्चा करते थे। वे तो कम से कम शब्दों में लोगों को व्यावहारिक पक्ष से अवगत कराते थे।

एक बार तान-त्राओ जनप्रतिनिधियों का एक प्रतिनिधिमंडल नेशनल कांग्रेस का अभिनंदन करने आया। प्रतिनिधिमंडल के साथ फटे-पुराने कपड़ों में एक बच्चा भी था। प्रतिनिधिमंडल की एक सदस्या ने संक्षेप में कहा–'नवनिर्वाचित नेशनल लिबरेशन कमिटी (राष्ट्रीय मुक्ति समिति) के सदस्यो! तान त्राओ कम्यून बहुत गरीब है। इसके पास एक छोटा सा उपहार है और वह है क्रांति के प्रति एक अटूट विश्वास। हमारी इच्छा है कि समिति स्वाधीनता के लिए जनता का नेतृत्व करे।'

हो चि मिन्ह खड़े हुए, कुछ कदम चल कर बच्चे के पास आये, प्यार से उस बच्चे का हाथ थाम कर उपस्थित लोगों से बोले- 'इसकी उम्र के बच्चों को अन्य देशों में खेलने और अध्ययन के अवसर उपलब्ध होते हैं। उन्हें भरपेट भोजन मिलता है, अच्छे कपड़े मिलते हैं। परंतु मैं जानता हूं नौ वर्षीय इस बालक को रोज भैंसों की देखभाल करनी होती है, कुंदे इकट्ठे करने पड़ते हैं, और पीठ पर पानी ढोना पड़ता है। किसी विद्यालय में शिक्षा प्राप्त करने की इसके लिए कोई संभावना नहीं।'

वह थोड़ा रुके फिर ऊंची आवाज में बोले- 'राष्ट्रीय मुक्ति समिति और हमारा काम है कि हम शीघ्रातिशीघ्र स्वतंत्रता हासिल करें ताकि हमारे

बच्चों को भरपेट खाना, पहनने को अच्छे कपड़े और अच्छी शिक्षा नसीब हो। क्रांति अनिश्चित काल तक हमारे बच्चों को इस स्थिति में नहीं रख सकती।'

× × ×

सरकार गठन के तुरंत बाद फरवरी 1946 से जब हालात बिगड़ने लगे तो हो चि मिन्ह ने अतिराष्ट्रवादी दल के नेताओं को मंत्रिमंडल में शामिल कर लिया और यह समाचार अपने साथियों को देते हुए उन्होंने कहा–'अब से हम केवल एक मित्र–समूह नहीं हैं। हमें हर प्रकार के तत्वों को लेकर संयुक्त मोर्चा बनाना है ताकि हम एकजुट होकर उपनिवेशवादियों के विरुद्ध लड़ सकें। हममें से कइयों को उन लोगों के लिए पदत्याग करना होगा, जो हमारी पार्टी में शामिल नहीं हैं।

हो चि मिन्ह ने अपने संघर्षमय जीवन में जो अनुभव प्राप्त किए तथा समकालीन समानधर्मा लोगों से जो कुछ सीखा, संयुक्त मोर्चे की रणनीति उसी का परिणाम थी और यह नीति उन्होंने बुल्गारिया के क्रांतिकारी राजनेता ज्योर्जी दिमित्रोव से ग्रहण की थी। परवर्ती घटनाएं दर्शाती हैं कि उक्त नीति अत्यंत सफल रही।

× × ×

जीवन में केवल दो बार हो चि मिन्ह ने अपना आपा खोया और क्रोधित हुए। पहली बार उस वक्त जब प्रचार मंत्री त्रान हुइ लिउ ने लाउडस्पीकर पर हनोई की गलियों में जोर–जोर से फ्रांस विरोधी घोषणा का प्रचार किया। उन्हें आड़े हाथों लेते हुए हो चि मिन्ह ने कहा–'उपनिवेशवादियों को गाली–गलौज करना मजे की बात हो सकती है पर उससे हासिल क्या होगा?' और दूसरी बार उन्होंने आपा तब खोया जब डाक–विभाग के प्रभारी मंत्री ने राष्ट्रपति हो चि मिन्ह के आग्रह के बावजूद विशेष डाक टिकट जारी करने में असमर्थता व्यक्त की थी। हो ने अत्यंत तीखे शब्दों में अपनी प्रतिक्रिया व्यक्त करते हुए कहा था–'क्या

बात! लोग स्वाधीनता के लिए छटपटा रहे हैं और आपको एक डाक-टिकट छापना इतना कष्टकर लग रहा है!'

× × ×

29 अगस्त को वियतनामी सरकार की संरचना की सार्वजनिक तौर पर घोषणा की गई जिसमें राष्ट्रपति के रूप में हो चि मिन्ह का नाम था। कुछ ने सोचा ये कौन हैं, और जो जानकार थे उनका कहना था कि यह तो कम्युनिस्ट नेता न्गुएन आइ क्वोक हैं। जब पत्रकारों ने पूछा तो राष्ट्रपति हो चि मिन्ह ने अति विनम्रता से उत्तर दिया- मैं एक क्रांतिकारी हूं। मैं ऐसे वक्त पैदा हुआ जब मेरा देश गुलाम था। अपनी जवानी के दिनों से मैं इसकी आजादी के लिए संघर्ष करता रहा हूं और यही मेरी एक खूबी है। मेरे अतीत को देखते हुए मित्रों ने मुझे राष्ट्राध्यक्ष निर्वाचित किया है।

अगले दिन कुनमिंग रेडियो ने हो चि मिन्ह का जीवन-वृत्त प्रसारित किया जिसमें उनकी कम्युनिस्ट गतिविधियों और जुड़ाव का जिक्र न करते हुए उन्हें केवल एक वरिष्ठ राष्ट्रवादी के रूप में पेश किया। और कुछ ही महीनों में हो चि मिन्ह वियतनामी जाति, जो अपनी सही पहचान के लिए संघर्षशील थी, के 'चाचा हो' के रूप में मशहूर हो गए।

× × ×

विनम्रता केवल अपने से श्रेष्ठ या अपने बॉस के प्रति नहीं, अपने से नीचे के तबके प्रति होती है तो वह व्यक्ति को महान बनाती है। चाचा हो की विनम्रता की कोई सीमा नहीं थी। उनके व्यक्तित्व के किसी भी पहलू पर नजर डालें तो पाएंगे, वह नख से शिख तक अत्यंत विनम्रशील व्यक्ति थे। यहां एक उदाहरण देना प्रासंगिक होगा। हो चि मिन्ह ने कविताएं तो लिखीं परंतु स्वयं को कभी कवि नहीं माना। हालांकि उनकी कविताओं का मान उन्हें विश्वकवियों में शुमार करता है। उसी प्रकार उन्होंने स्वयं को कभी चिंतक या थ्योरिस्ट (सिद्धान्तशास्त्री) भी नहीं माना जबकि वे असामान्य चिंतक और रचनाशील सिद्धान्तशास्त्री थे।

दरअसल विनम्रशीलता व सादगी हो के जीवन का एक अत्यंत स्वाभाविक अंग रही। वह देश या विदेश में जहां भी गये उनकी विनम्रशीलता की ही लोगों पर अमिट छाप पड़ी। आज भी भारत में लोग उनके भारत प्रवास के दौरान उनकी सादगी व विनम्रशीलता की चर्चा करते नहीं अघाते। एक नेता की पहचान है, यह।

× × ×

हो अपने वक्तव्यों में व एक्शन में यह बताते थे कि आम आदमी की शक्ति से बढ़कर कोई शक्ति नहीं, वह सिद्धान्तों से लैस प्रतिबद्ध व एकजूट होकर जो चाहे, कर सकता है। आज के संदर्भ में हो के आदर्श व सिद्धान्त वियतनाम के कम्युनिस्टों के लिए ही नहीं हर किसी के लिए हैं। जनता से जुड़े उनके सिद्धान्त किसी विशेष राजनीतिक दल तक सीमित नहीं हर उस राजनीतिक दल या व्यक्ति के लिए हैं जिनके हृदय में जनता के लिए जरा भी सरोकार है। हो चि मिन्ह ने कहा था इतिहास का सृजन जनता करती है, न कि कुछ वीर नायक, इसीलिए हमें जनता का यथोचित सम्मान करना होगा एवं उससे प्रेम करना होगा क्योंकि यदि जनता साथ होगी तो सब कुछ साथ होगा। उन्होंने कहा–'आसमान के नीचे जनता से बहुमूल्य कुछ भी नहीं।' इसलिए 'समाज में जनहित की सेवा से अधिक सुंदर व गौरवपूर्ण कुछ भी नहीं।'

× × ×

1941 में चीन में च्यांग काई शेक की सरकार की जेल में रहते हुए उन्होंने जवाहरलाल नेहरू को सम्बोधित करते हुए एक कविता लिखी। संयोग से जवाहरलाल नेहरू भी उन दिनों ब्रिटिश सरकार की जेल में थे। यह कविता अपने वक्त में बहुत ही लोकप्रिय हुई और भारत की तमाम भारतीय भाषाओं में इसका अनुवाद प्रकाशित हुआ था।

पार्टी के सदस्यों ने मांग रखी कि सरकार को च्यांग काई शेक के 'फिफ्थ कॉलम' पर प्रहार करना चाहिए। राष्ट्रपति प्रासाद की एक सभा में हो चि मिन्ह के देहरक्षियों में से एक ने खड़े होकर कहा–'आखिर कब

तक हम इन दस्युओं को बर्दाश्त करते रहेंगे? हमें आदेश दें कॉमरेड राष्ट्रपति ताकि हम उनका सफाया कर दें।'

हो चि मिन्ह मुस्कराये और कहा–'कल्पना करो, इस कमरे पर चूहों का हमला हो जाए तो तुम क्या करोगे? उन पर पत्थर मारोगे या उन्हें पकड़ने का प्रयास करोगे?'

युवा देहरक्षी ने सकुचाते हुए उत्तर दिया–'कमरे में पत्थर मारना तो बेवकूफी होगी।'

'ठीक ऐसा ही राजनीति में भी है। हमें सावधानीपूर्वक सारी संभावनाओं पर विचार करना होगा। क्योंकि कठलता को खींचते ही सारा जंगल जाग सकता है।'–हो चि मिन्ह ने कहा।

'अफसरशाह मत बनो, अन्यथा तुम जनता का समर्थन को बैठोगे। हमेशा जैसा तुम कहते हो, वैसा ही करो। जनता के नेतृत्व का सर्वोत्तम उपाय है, उसके सामने एक अच्छा उदाहरण रखना।'

× × ×

कई लोग मानते होंगे कि चाचा हो के जीवन की सादगी शायद उनकी जरूरत थी या शायद उनके सहयोगियों को उनकी समुचित देखभाल करना नहीं आता था। परंतु ऐसा नहीं था। वे अक्सर अपने सहयोगी साथियों को कहते कि मुद्दा यह नहीं है कि मुझे ऐशोआराम का जीवन पसंद है या नहीं। महत्त्वपूर्ण यह है कि हमें ज्ञात हो कि ऐसी जीवन शैली कब हमारे लिए उपयुक्त है और कब नहीं। जब तक हमारा देश युद्ध कर रहा है, जब तक देश गरीबी में जी रहा है, जब तक लाखों लोग भूख, सर्दियों और राष्ट्रीय स्वाधीनता के संघर्ष में जूझ रहे हैं, मैं राजधानी में बैठकर पकवान नहीं खा सकता।

राष्ट्रपति हो हमेशा अपने रसोइये को हिदायत देते कि उनके लिए सादा, पौष्टिक भोजन बनाया जाए।

एक बार उनके रसोइये दिन्हवान कॉन ने उनके लिए तले अंडे व सूअर के गोश्त के कीमा की एक पारंपरिक डिश बनाई। अपनी सुस्वादु डिश से वह स्वयं बड़ा संतुष्ट हुआ, परंतु जब चाचा हो ने एक चम्मच

चखा तक नहीं तो उसकी हिम्मत नहीं हुई कि वह उनसे कारण पूछे। उसने वी-की से कहा कि वह चाचा हो से पूछे कि उन्होंने इतनी सुस्वादु डिश को क्यों चखा तक नहीं।

चाचा हो ने की को जवाब दिया–तुम कॉन से कह देना कि डिश स्वादिष्ट तो थी पर मात्रा में बहुत अधिक थी। मुझे डर था कि मैं पूरी खा नहीं पाऊंगा। वह बरबाद न हो, यह सोच कर मैंने नहीं खाया।

हो चि मिन्ह कथनी में ही नहीं बल्कि करनी में भी मितव्ययी थे और भोजन बरबाद हो यह उन्हें कतई पसंद नहीं था।

× × ×

बाओ दाइ (1913–1197) वियतनाम के अंतिम राजा थे। उनके राजत्याग के बाद उन्हें वियतनाम जनतांत्रिक गणतंत्र की सरकार के सलाहकार के रूप में नियुक्त किया गया था। चाचा हो आम तौर पर दोपहर का भोजन अपने सहयोगी साथियों के साथ करते थे। एक बार जब बाओ दाइ आये तो चाचा हो साथियों के साथ भोजन कर रहे थे। राष्ट्रपति हो उन्हें कुछ निस्तेज व दुर्बल लगे। उन्होंने भोजन पर नजर डाली तो देखा कुछ तली सब्जियां, एक कटोरा सूप और कुछ दम दे कर पकाया हुआ तोफू था। बड़े सम्मान के साथ उन्होंने चाचा हो से कहा–आप यदि आज्ञा दें तो हुवे के कुछ विशिष्ट व्यंजन परोस दूं।

राष्ट्रपति ने बड़ी विनम्रता से मना करते हुए कहा–'धन्यवाद सलाहकार महाशय! परंतु मुझे अपने साथियों के साथ भोजन करने की आदत है।'

हो चि मिन्ह ने कभी भी यह नहीं चाहा कि उन्हें उनके सहयोगियों, साथियों से अलग या विशिष्ट समझा जाए और कुछ अतिरिक्त सुविधाएं दी जाएं।

× × ×

हो चि मिन्ह हमेशा अपने देश व देश की जनता के लिए जीना चाहते थे और उनके इसी जज्बे ने जन्म दिया था उनकी सादगीपूर्ण जीवन-शैली को। 3 सितंबर, 1945 को वियतनाम जनतांत्रिक गणतंत्र की स्वाधीनता के

बाद नवगठित सरकार की पहली बैठक में राष्ट्रपति हो ने जो भाषण दिया उसमें उन्होंने स्पष्ट किया कि वियतनाम के तीन मुख्य शत्रु हैं–भूख, निरक्षरता तथा विदेशी आक्रमण। भूख से लड़ाई के बारे में उन्होंने कहा– 'मकई, आलू तथा खेती की अन्य उपज को पकने में तीन से चार महीने लगते हैं। फसल काटने का इंतजार करने के दौरान हमें दान-अभियान चलाना चाहिए। हर दस दिन पर पूरा राष्ट्र एक शाम उपवास रखे ताकि गरीबों की मदद हो।'

सभा के तुरंत बाद उन्होंने योजना पर अमल भी शुरू कर दिया। मलेरिया के रोग से राष्ट्रपति अभी स्वस्थ हुए ही थे अतः अत्यंत विवर्ण व दुर्बल थे। उनके स्वास्थ्य को देखते हुए साथियों ने सलाह दी कि वे अपने उपवास के कार्यक्रम को कुछ समय के लिए स्थगित कर दें। सुझाव को हंस कर टालते हुए राष्ट्रपति हो ने कहा–'आपकी चिंता के लिए धन्यवाद, परंतु मैं जब जनता से अपील करता हूं तो मुझे उनके सामने उदाहरण प्रस्तुत करना चाहिए। लोगों से भोजन छोड़ने की अपील करूं और खुद खाता रहूं तो मेरी अपील ही व्यर्थ हो जाएगी।'

× × ×

पहले फ्रांसीसी हमलावरों फिर अमरीकियों के विरुद्ध चले लंबे संघर्ष को दौरान हो चि मिन्ह अक्सर वियतनाम में बाढ़, सूखे, अपर्याप्त फसल और भूख के बारे में अखबारों में पढ़ा करते थे। अतः उन्होंने तय किया कि वे हफ्ते में एक दिन भोजन में सिर्फ सूप (शोरबा) या मकई मिश्रित चावल लेंगे ताकि जिन्हें भोजन मयस्सर नहीं उन्हें उपलब्ध हो सके। चाचा हो अपने साथियों को भी ऐसा ही करने को उत्साहित करते। उनके युवा साथी अचंभित होते और कहते–हम तो युवा हैं। ऐसा भोजन करने में हमें कोई समस्या नहीं पर चाचा हो तो अब वृद्ध हैं। उन्हें अत्यधिक दबावों के बीच काम करना होता है। वे ऐसा कैसे कर पाते हैं।

× × ×

कवि हो चि मिन्ह

हो चि मिन्ह का जीवन एवं दर्शन आज स्वाधीन वियतनाम के क्रांतिकारी इतिहास एवं संस्कृति का पर्याय बन गया है। एक नेता के रूप में ही नहीं वरन् एक कवि के रूप में भी उन्होंने वियतनाम की जनता के हृदय में अपना स्थान बनाया है। कविता एवं साहित्य के संघर्ष एवं बदलाव में महत्त्वपूर्ण भूमिका को रेखांकित करते हुए वे कहा करते थे–'एक सेना, जो साहित्य एवं सैन्य दोनों शक्तियों से लैस होती है, उसे कोई नहीं हरा सकता।'

वियतनाम की कविता एवं साहित्य को हो चि मिन्ह ने एक क्रांतिकारी दिशा दी। समकालीन कवियों एवं साहित्यकारों को उन्होंने मुक्ति संघर्ष से जोड़ा ताकि स्वाधीनता संग्राम में साहित्य एक पैने औजार की भूमिका अदा कर सके। लोगों में अन्याय एवं दासता के विरुद्ध लड़ने का जज्बा पैदा कर सके। ऐसे कई मुक्ति योद्धा थे जिनके एक हाथ में रायफल होती थी तो दूसरे हाथ में कलम। एक ओर वे युद्ध के मोर्चे पर दुश्मनों का मुकाबला बंदूक से करते थे तो दूसरी ओर अपने साथियों एवं देशवासियों में जुझारू चेतना जागृत करने एवं पितृतभूमि के लिए समस्त उत्सर्ग करने के लिए ऐसी कविताएं रचते थे जिन्हें सुनकर, पढ़कर लोग संघर्ष में कूद पड़ें। यह हो के बहुआयामी नेतृत्व का ही कमाल था कि 1945 में स्वाधीनता हासिल करने के बाद भी वियतनामी जनता पूर्ण स्वाधीनता प्राप्त करने के लिए तीस वर्षों तक निरंतर लड़ाई लड़ पाई। इस मुक्ति संघर्ष में युवा स्त्री-पुरुषों ने ही नहीं वरन् बच्चों से लेकर बूढ़ों तक ने हिस्सा लिया।

हो चि मिन्ह ने स्वयं भी कई कविताएं लिखीं, आम जनता के बीच में उन्हें पढ़ा। जनता भी अपने प्राणों से प्रिय नेता के मुख से कविताएं सुनने को उत्सुक एवं तत्पर रहती। 1942–43 में जेल में रहते हुए उन्होंने कई कविताएं लिखीं जो 'जेल की डायरी' के नाम से दुनिया भर में चर्चित हुईं। विश्व की कई भाषाओं में उनका अनुवाद भी हुआ। इसके अतिरिक्त 'टेट उत्सव' के समय 1949 से 1969 तक हर वर्ष वे अपने देशवासियों को एक कविता समर्पित करते थे। लोगों को भी उनकी कविता का बेसब्री से इंतजार रहता।

हो चि मिन्ह कवि थे, लेकिन वे अलग मिट्टी के बने थे। उन्होंने कभी नहीं चाहा कि एक कवि के रूप में वे ख्याति अर्जित करें। यह बात कवियों में अपवाद-स्वरूप ही है। कोई व्यक्ति कवि हो, कविताएं लिखे और कविताओं के लिए वाह-वाही न बटोरना चाहे तो वह कवि ही क्या। हो चि मिन्ह न तो स्वयं ऐसे कवि थे, न ही ऐसे कवियों को प्रश्रय देते थे। साहित्य या कविता केवल वाह-वाही लूटने के लिखी जाए इसे वे सही नहीं मानते थे।

कविता एवं साहित्य से उनका गहरा लगाव था। उन्होंने अपने देश के ही नहीं वरन् विश्व के महान् कवियों एवं साहित्यकारों की कृतियों का अध्ययन किया और उनसे प्रेरणा ली। जब भी उनका मन एकाकी और बेचैन होता, जब भी वे अपने देशवासियों को अन्याय, अत्याचार एवं उत्पीड़न झेलते देखते, जब भी जमींदारों और सत्ताधारियों को किसानों और गरीब जनता का शोषण करते देखते, तो उनके संवेदनशील हृदय का दुख कविता में फूट पड़ता।

हो चि मिन्ह की कविताओं की सबसे विशिष्ट बात यह है कि उनकी भाषा आम आदमी की भाषा थी। बिल्कुल सहज, सरल और सीधा-सीधी संवाद करने वाली। अनपढ़ हो या पढ़ा-लिखा, जो भी सुनता, सीधा उसके हृदय में उतर जाती और अपना असर दिखाती।

उनकी कविताओँ की कुछ बानगी अपने पाठकों के लिए प्रस्तुत कर रहे हैं–

हो चि मिन्ह की कविताएं–

कविता

पुराने कवियों को अच्छा लगता था गान–
प्राकृतिक सौंदर्य का, चांद और फूलों का
बर्फ और हवा का, धुंध का, पहाड़ों का, झरनों का
पर हमारे समय में फौलादी होनी चाहिए कविता
और कवियों को भी लड़नी चाहिए लड़ाई।

संकल्प

सिहरन भरती निष्ठुर सर्दी न हो
तो फिर कहां होगा बसंत का रोष व उसकी शान
विपत्तियों ने बनाया है फौलादी, संस्कारित किया है मुझे
और मेरे संकल्प को बनाया है कहीं अधिक बलवान।

जेल के दिन

स्वास्थ्य पर
चीन के ढुलमुल मौसम का हमला
और वियतनाम की सुदीर्घ पीड़ा से
शोकाकुल है हृदय
कितनी पीड़ादायक होती है
कारावास में बीमारी
किसी को भी रुला सकती है
परंतु बावजूद इसके
मैं गाना चाहूंगा गीत।

जेल में पति से भेंट

सीखचों के इस ओर है पति
और बाहर खड़ी है पत्नी।

इतना करीब कि बस चंद इंचों का फासला;
फिर भी धरती से आसमान जितनी दूरी
जो कुछ न कह पाएं उनके मुख
कहने की कोशिश में हैं आंखें
शब्द उच्चारित होने से पहले, झरने लगते हैं आंसू
सचमुच हृदयविदारक है उनका दुख।

एक ठोकर

घना अंधेरा था, जब हम चले
रास्ता था असमान, ऊबड़-खाबड़
फिसल कर गिर पड़ा मैं, एक खतरनाक गड्ढे में
पर किसी तरह उछल कर बाहर आया,
तकदीर अच्छी थी, नहीं क्या?

धूम्रपान

धूम्रपान की सख्त मनाही है यहां
वार्डर फौरन जब्त कर लेगा आपका तम्बाकू
हां, खुद वो जब चाहे सुलगा सकता है अपना पाइप
पर आपने धूम्रपान की कोशिश की तो डाल देगा हथकड़ी।

सांध्य-गीत

एक गुलाब खिलता है, फिर मुरझा जाता है
खिल कर मुरझाता है, और अंततः झर जाता है
परंतु यदि उसकी सुगंध का हमला हो जाए बंदीगृह पर
तो फट पड़ेगा कैदी का हृदय अन्यायपूर्ण जगत के प्रति आक्रोश से।

नदी पर नाव

खामोश बह रही है नदी
जैसे कागज की हो एक चादर–

धीर और शांत
राह दिखाता हो जिसे एक तारा,
बहती हुई एक डोंगी
और पीछा करता हठीला चांद
चारों ओर दिगंत में व्याप्त है एक शून्य
तोड़ती है जिसे बस एक आवाज़-
बांस के चप्पू की।

एक व्यक्ति के दिमाग में है
हजारों खयालों की भूल-भुलैया
वह सोचता है चिंतातुर
अपनी, प्राचीन पितृभूमि के
पर्वतों, नदियों की मुक्ति के बारे में

घर की ओर लौट रही है नाव
उगते सूर्य के उजास से
भर गया है आसमान
आलोकित हो उठा है दिन
एक सुविस्तृत लालिमा से।

धान और इंसान

मूसल की मार में कैसी भीषण पीड़ा सहता है धान
पर उस मार के बाद निकलता है वह धवल रूई सा
ऐसा ही होता है मनुष्य के साथ दुनिया में
कठिनाइयां बनाती हैं उसे तराशा हुआ एक हीरा।

चांदनी

कारागार में न फूल हैं, न मदिरा
ऐसी निर्मल रात में, कोई करे तो क्या?

मैं जाता हूं खिड़की तक और निहारता हूं चांदनी
सीखचों के पार से कवि को निहारता है चांद।

राहों पर

मेरे हाथ और पैर बंधे हैं सख्ती से
पर पहाड़ों पर गा रही हैं चिड़ियां
खिल रहे हैं फूल
कौन रोक सकता है मुझे
उनके स्वर व सुगंध के उपभोग से?
अपनी लंबी यात्रा में घिसटते हुए इस प्रकार
कुछ कम होगा मुझे एकाकीपन का अहसास।

जिंग्सी जिला जेल में

कैदखाने में नवागंतुक का स्वागत करते हैं पुराने कैदी
और ऊपर बहुत ऊंचाई पर
काले बादलों को खदेड़ रहे हैं सफेद बादल
आसमान पर काले व सफेद, दोनों बादलों को
है आजादी अपनी राह चलने की, पर
धरती पर आजाद मनुष्य को
रहना पड़ता है कैदी बनकर।

सड़क बनाने वाले

बारिश में भीज, हवा के कोड़े खा, विषम स्थितियों में
सड़क बनाने वाले करते हैं काम
नहीं है जरा भी आराम
पैदल, घुड़सवार या वाहनों पर
जो भी गुजरते हैं सड़क से

धन्यवाद के दो शब्द तक
कहां करते हैं उनसे।

सूअर ढोते प्रहरी

सूअर ढो रहे हैं प्रहरी अपने कंधों पर
हमारे साथ चलते-चलते
और हमें
घसीटा जा रहा है निर्दयता से।

आजादी छिन जाने पर
आदमी के साथ
सलूक होता है सूअर सा।

कारावास के पश्चात् ...

पहाड़ सीने से लगाते हैं बादलों को
बादल गले मिलते हैं पहाड़ों से।
नीचे चमकती है नदी
बेदाग दर्पण की तरह।
पश्चिमी पर्वतमाला की ढलान पर
धड़कता है दिल, टहलते हुए
दक्षिणी आसमान को निहारते और
सोचते हुए पुराने मित्रों के बारे में।

निद्राहीन रात

पहला निरीक्षण... फिर दूसरा..
फिर धुंधला जाता है तीसरा
बदलता रहता हूं मैं करवट, बेचैनी में

लगता है, नहीं आयेगी नींद
चौथा निरीक्षण... फिर पांचवां...
पलकें मूंदते ही आ धमकता है
पंचकोणी सितारा मेरे सपनों में।

(पंचकोणी सितारा वियतनाम के राष्ट्रीय-ध्वज में अंकित तारे का प्रतीक)

(काव्यानुवाद: प्रेम कपूर / कुसुम जैन)

हो चि मिन्ह और भारत

इन पंक्तियों का लेखक न तो इतिहासकार है न ही रिसर्च स्कॉलर, पर हो चि मिन्ह के प्रति आत्मिक जुड़ाव व गहन श्रद्धा की भावना पक्ष पर अधिक से अधिक तथ्यात्मक जानकारी हासिल करने के लिए निरंतर प्रयत्नशील रहा है। इस पर जो कुछ भी तथ्य मिले उन्हें आधार बनाकर यह परिच्छेद लिखा गया है ताकि अधिक से अधिक भारतीय पाठक उन तथ्यों से अवगत हो सकें।

लेखक को मिली जानकारी के अनुसार हो के भारत से सम्बन्ध की शुरुआत 1911 से होती है, जब सैगोन में भूमिगत अवस्था के दौरान वह सैगोन स्थित एक भारतीय व्यापारी गुप्ता के सम्पर्क में आए।

हो गुप्ता की दुकान में कुछ पोशाक खरीदने गये थे। गुप्ता ने पहचान लिया कि वह और कोई नहीं हो हैं, जिनकी तलाश फ्रांसीसी शासकों को है। हो के प्रति अपार श्रद्धा से नत गुप्ता ने न केवल हो से पोशाकों की कीमत लेने से इनकार किया बल्कि विदेश के लिए प्रस्थान से पूर्व अपने परिवार और पुलिस से बचने के लिए उन्हें सम्मान के साथ छुपाए रखा। संभवतः यह हो के भारत के प्रति सम्पर्क का प्रारम्भ था। सैगोन में हो के भूमिगत जीवन पर आधारित वियतनामी भाषा में एक फिल्म भी बनी, जिसमें इस प्रसंग का उल्लेख है। उनके भारत के ऐतिहासिक दौरे को लेकर मीडिया ने हो के सरल व्यवहार, उनकी सादगी व भारत के प्रति उनके आंतरिक लगाव को लेकर बड़ी-बड़ी सुर्खियों में उनकी भूरि-भूरि प्रशंसा की। इस पुस्तक में अन्यत्र इस पर विस्तार से जिक्र किया गया है। कहा जाता है कि 1911 में सैगोन से जब उनके जहाज ने प्रस्थान किया तो उनका जहाज बर्मा (म्यानमार) जाने के

पूर्व कलकत्ता बंदरगाह पर रुका था। भारत की सरजमीं से उनका वह पहला परिचय था।

1921 में हो ने अपने एक लेख में रूस व चीन के समकक्ष भारत का अत्यंत आत्मीयता से जिक्र किया है।

1927 में वह जवाहर लाल नेहरू के पिता तत्कालीन कांग्रेस के नेता श्री मोती लाल नेहरू से विश्वशांति के लिए हुई एक अंतर्राष्ट्रीय कॉन्फ्रेंस में बुसेल्स में मिले थे। उनके बीच बहुत ही सौहार्द्रपूर्ण वातावरण में लम्बी बातचीत हुई। इस घटना का जिक्र उन्होंने जवाहर लाल नेहरू से 1954 में उनकी वियतनाम यात्रा के दौरान हुई मुलाकात के दौरान विशेष रूप से किया था। नेहरू अभिभूत हो गये और कहा कि मुलाकात का प्रसंग तो उन्हें याद था, पर जिस विशद रूप से हो ने उस मुलाकात का मुझसे जिक्र किया तो मैं उनकी याददाश्त पर अवाक् रह गया।

1943 में जब हो चीन की जेल में बन्द थे, नेहरू भारत में ब्रिटिश कारावास में सजा भुगत रहे थे। हो ने नेहरू को संबोधित करते हुए जो कविता लिखी उससे उनकी गहरी आत्मीयता को देखा जा सकता है। एक वक्त यह कविता बहुत लोकप्रिय हुई थी तथा तमाम भारतीय भाषाओं में उसका अनुवाद हुआ। कविता में उन्होंने लिखा–

संघर्षरत हूं मैं, सक्रिय हो तुम भी
कैद में हो तुम और काराबंदी मैं भी
हजारों मील की है दूरी, हम मिले नहीं कभी
पर संपर्क में हैं शब्दों के बिना भी
तुम्हें और मुझे जोड़ते हैं साझे विचार
कमी है तो बस एक व्यक्तिगत भेंट की
मुझे बंदी बना रखा है एक पड़ोसी मित्र ने
और जंजीरों में जकड़ रखा है शत्रु ने तुम्हें भी

–हो चि मिन्ह

(अनुवाद: प्रेम कपूर)

1946 में फ्रांस सरकार से समझौता वार्ता के लिए राष्ट्रपति हो पेरिस जाने के रास्ते एक दिन, एक रात के लिए कोलकाता रुके थे। उन्हें कलकत्ता में उस वक्त की प्रसिद्ध होटल ग्रेट ईस्टर्न में रुकाया गया था। उनकी इच्छा बंगाल के कम्युनिस्ट नेताओं से मिलने की थी। जब उन्हें पता चला कि पार्टी का दफ्तर होटल के करीब है तो, वह अपने दो साथियों के साथ पैदल ही जा पहुंचे।

उस वक्त पार्टी दफ्तर में उपस्थित कम्युनिस्ट पार्टी के नेता बंगाल विधान सभा के अध्यक्ष मंसूर हबीबुल्ला ने उस घटना का जिक्र करते हुए लेखक को जो कुछ बताया वह इस प्रकार है:–1 जून, 1946 डेकर्स लेन के भारतीय कम्युनिस्ट पार्टी के दफ्तर में मिट्टी के चुक्कड़ में चाय पीते हुए कॉमरेड ज्योति बसु, कॉमरेड सोमनाथ लाहिड़ी, कॉमरेड मंसूर हबीबुल्ला, राजनीतिक चर्चा में व्यस्त थे। दफ्तर में पांच-छह बेंचें, चार-पांच खस्ता हाल कुर्सियां। अचानक ग्रेट इस्टर्न होटल के एक बैरे के साथ दो विदेशी प्रकट हुए। उनमें से एक ने कहा–'मुझे यह सूचित करते हुए बेहद खुशी हो रही है कि कॉमरेड हो चि मिन्ह आप साथियों से मिलने के लिए उपस्थित हैं।' जैसे भूचाल सा आ गया हो। हड़बड़ी में वहां बैठे सभी खड़े हो गए। एक हाथ से चुक्कड़ की चाय ही छलक पड़ी। यह वहां उपस्थित सभी के लिए अविश्वसनीय सी आश्चर्यजनक घटना थी। हो को बैठने के लिए कुर्सी दी गई, जिसका एक हत्था गायब था। उनकी असहजता को भांपते हुए हो चि मिन्ह ने कहा सहज हो जाएं। कॉमरेड, मैं आप से मिलने, भारतीय राजनीति, विशेष रूप से कम्युनिस्ट पार्टी के बारे में जानकारी हासिल करने आया हूं। इसके बाद, उन्होंने प्रश्न करने शुरू किए और इस तरह बातचीत का सिलसिला आगे बढ़ा। कुछ देर बाद बातचीत के बीच हो चि मिन्ह ने कहा–'कॉमरेड, क्या चाय नहीं पिलाएंगे?' मंसूर हबीबुल्ला ने अपने हाथों से चाय बनाई। पर उन्हें चुक्कड़ या टूटे कप में चाय दी जाए? उस वक्त कम्युनिस्ट पार्टी के दफ्तरों की हालत ऐसी ही होती थी। काफी खोजने पर दो ठीक-ठाक चीनी मिट्टी के कप मिले, जिनमें हो चि मिन्ह को चाय पेश की गई। ज्ञात रहे, उस वक्त तक वह वियतनाम जनतांत्रिक गणतंत्र के राष्ट्राध्यक्ष हो चुके थे। कलकत्ता में

उनका हवाई जहाज ईंधन के लिए रुका था परंतु तकनीकी खराबी के कारण उन्हें एक रात रुकना पड़ा था।

घंटे भर की बातचीत के बाद बाहर निकलते हुए उन्होंने कहा–कम्युनिस्ट पार्टी एक क्रांतिकारी पार्टी है। उसके नेता कार्यकर्ता अक्सर भूमिगत रह कर कार्य करते हैं। लिहाजा, पार्टी का दफ्तर ऐसी जगह पर होना चाहिए जहां पुलिस छापा मारे तो आसानी से भागा जा सके। आपका दफ्तर एक तो गली में है, दूसरा गवर्नर हाउस के ठीक सामने? इतना कहने के बाद उन्होंने हर किसी से गर्मजोशी से हाथ मिलाया, गले मिले और विदा ली।

भारत से या यूं कहें कोलकाता से उनका यह पहला प्रत्यक्ष परिचय था। लोगों पर उनकी सादगी सहजता, स्नेह और गर्मजोशी की अमिट छाप पड़ी, जिसका भाव–विभोर होकर लोग बरसों तक जिक्र करते रहे।

उक्त घटना का पूरा विवरण स्वयं मंसूर हबीबुल्ला ने इन पंक्तियों के लेखक को दिया था। मंसूर हबीबुल्ला पश्चिम बंगाल में वाम मोर्चा सरकार में विधानसभा अध्यक्ष व कानून मंत्री रहे। 1954 में जवाहर लाल नेहरू हो चि मिन्ह के निमंत्रण पर वियतनाम गये और वहां से भाव विभोर होकर लौटे। 1954 में वियतनाम की राजकीय यात्रा के दौरान विभिन्न अवसरों पर दोनों नेता एकाधिक बार मिले। दोनों के बीच विचारों का आदान प्रदान हुआ और लगभग सभी अन्तर्राष्ट्रीय मुद्दों व पारस्परिक सम्बन्धों पर दोनों के बीच पूर्ण सहमति बनी। व्यक्तिगत स्तर पर दोनों नेता एक–दूसरे के अत्यंत करीब आ गए।

1958 में भारत के प्रधानमंत्री जवाहर लाल नेहरू के आमंत्रण पर हो चि मिन्ह राजकीय यात्रा पर भारत आये। इस यात्रा के दौरान ही उन्होंने अपने सरल, सहृदय, सादगी से परिपूर्ण व्यक्तित्व की भारतीय जनमानस पर अमिट छाप छोड़ी।

डॉ. हो जहां जहां भी गये, जिनसे–जिनसे मिले, दिल खोलकर बिना किसी औपचारिकता के मिले। इनमें राष्ट्रपति, प्रधानमंत्री से लेकर बेयरे, चपरासी, जहाज के पायलट, ट्रेन तथा कार के ड्राइवर सभी शामिल हैं। दिल्ली से विदा होने के पहले उन्होंने राष्ट्रपति भवन के अधिकारियों कर्मचारियों के साथ जमीन पर बैठकर सामूहिक फोटो खिंचवाई। यह एक

घटना ही नहीं उनकी भारत यात्रा के दौरान दर्जनों ऐसी घटनाएं हैं, जिनको जानकर कोई आज भी रोमांचित हो उठेगा। किसी राष्ट्राध्यक्ष की यह राजकीय यात्रा न भूतो, न भविष्यति के रूप में इतिहास में स्वर्णाक्षरों में दर्ज की गई है। उनमें से कुछ घटनाओं का उल्लेख यहां प्रासंगिक होगा।

1947 में फ्रांसीसी साम्राज्यवाद के हमले के विरुद्ध रेडियो केंद्र हैन के माध्यम से जब वियतनाम के संग्रामी छात्र समाज ने एशिया और सारे विश्व की जनता से समर्थन का आह्वान किया तो उसके प्रत्युत्तर में बंगीय प्रादेशिक छात्र फेडरेशन ने 21 जनवरी को कोलकाता में आम हड़ताल का आह्वान किया। सारे बंगाल में छात्र हड़ताल हुई और कलकत्ता विश्वविद्यालय के सामने छात्र-जुलूस पर प्रशासन ने गोली चलाई जिससे दो छात्र- धीर रंजन सेन व सुखेंदु विकास मारे गए। अगले दिन 22 जनवरी को पुलिस ने मैमनसिंह के हड़ताली छात्रों पर गोली चलाई जिसमें युवा छात्र अमलेंदु घोष शहीद हुए। एक और छात्रा अनिता गंभीर रूप से घायल हुई। इस गोली चालन व छात्र-हत्या के प्रतिवाद स्वरूप व वियतनाम के मुक्ति योद्धाओं के समर्थन में बंगीय प्रादेशिक ट्रेड यूनियन कांग्रेस ने 5 फरवरी को कोलकाता व पार्श्ववर्ती अंचल में हड़ताल बुलाई जिसमें सैकड़ों मजदूरों ने भाग लिया।

छात्रों व मजदूरों की मांग थी कि फ्रांसीसी जंगी विमानों को दमदम हवाई अड्डे का इस्तेमाल न करने दिया जाए। 21 जनवरी से 5 फरवरी तक के छात्रों व श्रमिकों के जोरदार प्रतिवाद के कारण भारत के अंतरिम प्रधानमंत्री जवाहर लाल नेहरू ने संविधान परिषद को यह आश्वासन दिया कि फ्रांसीसी साम्राज्यवादियों को दमदम हवाई अड्डे का उपयोग नहीं करने दिया जाएगा। किन्तु कुछ दिनों पश्चात भारतीय कम्युनिस्ट पार्टी के मुखपत्र व बांग्ला दैनिक 'स्वाधीनता' को पता चला कि रात के अंधेरे में फ्रांसीसी जंगी विमान दमदम हवाई अड्डे का पेट्रोल भरवाने के काम में उपयोग कर रहे हैं तो 'स्वाधीनता' के साहसी पत्रकार प्रभात दासगुप्ता व माधव मुंशी तथा फोटोग्राफर ने रात में जाकर दमदम हवाई अड्डे पर फौजीवर्दी में फ्रांसीसी फौजी अधिकारियों की तस्वीर खींच कर प्रकाशित कर दी। उक्त समाचार व तस्वीर संविधान परिषद के एकमात्र कम्युनिस्ट सदस्य सोमनाथ लाहिड़ी ने जवाहर लाल नेहरू को दिखाकर बताया कि

किस प्रकार उनके आश्वासन के विपरीत दमदम हवाई अड्डे का फ्रांसीसियों द्वारा उपयोग किया जा रहा है। तत्क्षण जवाहर लाल नेहरू ने कठोर निर्देश दिया कि इस प्रकार की घटना की एक दिन भी पुनरावृत्ति न हो।

इस घटना के एक दशक बाद फरवरी 1958 में भारत के तत्कालीन प्रधानमंत्री जवाहर लाल नेहरू के आमंत्रण पर भारत की राजकीय यात्रा पर राष्ट्रपति हो चि मिन्ह भारत पधारे थे। नई दिल्ली के पालम हवाई अड्डे से लेकर कोलकाता के हवाई अड्डे से प्रस्थान तक उन्होंने राजधानी दिल्ली सहित कई स्थानों का भ्रमण किया। जहां जहां भी वह गये, जिन जिन से मिले, उन्होंने हर किसी का दिल जीत लिया।

उनकी यात्रा राजनीतिक दृष्टि से ही नहीं, हर दृष्टि से एक अविस्मरणीय, 'न भूतो न भविष्यति' एक ऐतिहासिक यात्रा थी। एक देश का राष्ट्रपति जिस सादगी-सहजता के साथ आम लोगों से मिला उसकी एक अमिट छाप लोगों के मन पर पड़ी। जिन रास्तों से वह गुजरे अपार जनसमूह ने उनके स्वागत में पलक पांवड़े बिछा दिए। दिल्ली में विभिन्न अवसरों पर उन्होंने और जवाहर लाल नेहरू ने जो वक्तव्य दिये वे औपचारिक नहीं बल्कि हृदय से निकले उद्‌गार थे। विभिन्न कार्यक्रमों में, यहां तक कि प्रेस कॉन्फ्रेंस में भी हो ने हृदय खोल कर अपनी बात कही भारत व भारत की जनता के प्रति अपार प्रेम का इजहार किया तथा हर विषय पर भारत का पूर्ण समर्थन किया। उन्होंने प्रेस कॉन्फ्रेंस में स्पष्ट कहा कि जम्मू-कश्मीर भारत का अभिन्न अंग है।

हो चि मिन्ह के भारत आगमन पर अन्तरराष्ट्रीय ख्याति प्राप्त कवयित्री, लेखिका अमृता प्रीतम ने पंजाबी में उनकी प्रशस्ति में एक कविता लिखी। अंग्रेजी अनुवाद के साथ उन्होंने एक समारोह में हो चि मिन्ह को वह कविता भेंट भी की। उस कविता का विभिन्न भारतीय भाषाओं में अनुवाद हुआ। उस कविता में अमृता प्रीतम ने लिखा था–

किस राजा के बारे में सुन रहे हैं हम?
कौन है यह संत?
किसने निकाला पैरों में चुभा कांटा
सुप्त सुंदरी जिंदगी के पैरों से!

लगता है जैसे चल रहा हो एक छोटा सा दीया
चल रहा हो अंधेरे की मुश्किल राहों पर!
गुजरती हवा भी मानो पूछ रही हो
पूछ रही हो वियतनाम की खूबसूरत धरती से!
कौन है वो, जिसने पोंछे हैं आंसू?
हां आंसू, इतिहास के चेहरे से!
धरती ने देखा है एक उम्मीद भरा सपना,
एक सपना जागती रातों में!
कि जैसे किसी ने बो दिए हों बीज,
बीज, उगते सूरज के, आसमान के मैदानों में!
नजर आ रहे हैं गुलाबी पैर फूलों के
चल रहे हों जैसे फूल पतझड़ की टहनियों पर!
कौन है यह इंसानियत का प्रेमी?
कौन है यह संत?

(अनुवाद : प्रेम कपूर)

यहां यह बता दें कि विगत सदी में साठ सत्तर के दशक में देश की हर भाषा में हो चि मिन्ह पर सैकड़ों हजारों कविताएं लिखी गईं। हो चि मिन्ह देश के हर हिस्से में एक चर्चित व्यक्ति बन गए थे।

कोलकाता यात्रा के दौरान कोलकाता पौर सभा ने उनका नागरिक अभिनंदन किया। खचाखच भरे हाल में छात्र रणमित्र सेन भी था जो 21 जनवरी, 1947 को वियतनाम दिवस के प्रदर्शन में पुलिस की गोली से घायल हुआ था। किसी ने हो चि मिन्ह के कान में फुसफुसाते हुए दर्शकों में बैठे रणमित्र सेन के बारे में बताया। हो चि मिन्ह प्रोटोकॉल को ताक पर रखते हुए मंच से तुरंत उतरे और रणमित्र सेन के पास गए और बड़े प्यार और गर्मजोशी से उसे गले लगाया और कोलकाता के छात्र-समाज के प्रति अपनी कृतज्ञता व्यक्त की।

हो चि मिन्ह की बड़ी इच्छा थी कि वे उन परिवारों से मिलें, जिनके सदस्यों ने वियतनाम के मुक्ति-संग्राम के समर्थन में अपने प्राणों की

आहुति दी थी। प्रोटोकोल और समयाभाव के कारण ऐसा संभव नहीं हो सका। लेकिन दिल्ली पहुंचते ही उन्होंने भारत स्थित वियतनाम के कौन्सल जनरल को आदेश दिया कि वह उनकी कृतज्ञता और संवेदना की भावना को व्यक्त करते हुए और न मिल पाने के लिए खेद प्रकाश करते हुए अविलंब एक पत्र इंडो–वियतनाम सॉलिडैरिटी कमिटि के सचिव गौतम चटर्जी को लिखें ताकि वह उनकी भावना उन परिवारों तक पहुंचा सकें।

× × ×

वियतनाम के कौंसल जनरल के उक्त पत्र की प्रति नीचे दी जा रही है:

वियतनाम जनतांत्रिक गणतंत्र *62, गोल्फ लिंक्स, नई दिल्ली*
का वाणिज्य दूतावास *केबल: रीडेविएट नई दिल्ली*
फोन: 43200

103/एनजी /58 *फरवरी, 18, 1958*

मित्रो,

हमारे राष्ट्रपति श्री हो चि मिन्ह ने हमें निर्देश दिया था कि उनकी भारत–यात्रा के दौरान उनसे साक्षात्कार के लिए आपने जो पत्र उन्हें लिखा था हम सधन्यवाद उसकी प्राप्ति आपको सूचित करें। राष्ट्रपति जी ने हमसे आग्रह किया कि हम उनका तहे दिल से धन्यवाद व शुभकामनाएं आपको संप्रेषित करें। उन्हें अत्यंत दुख है कि समयाभाव के कारण वे आपका आग्रह स्वीकार न कर पाए। फिर भी 22 जनवरी 1947 के प्रद्शनकारियों में से दो श्री रणमित्र सेन तथा श्री सुब्रत सेन से 13 फरवरी 1958 के नागरिक अभिनंदन के दौरान मिल कर उन्हें खुशी हुई। और मैं आशा करता हूं, उन दोनों मित्रों ने आपको बताया होगा कि हमारे राष्ट्रपति ने उनके प्रति व उनके माध्यम से आप सभी के प्रति किस प्रकार स्नेह व आभार प्रदर्शित किया।

हम बड़ी विनम्रता से आपको बताना चाहते हैं कि आप दोनों समेत भारतीय भाइयों व बहनों ने जो भ्रातृवत समर्थन वियतनामी जनता को प्रदान

किया है, वह हमेशा हमारे दिलोदिमाग में अंकित रहेगा। वियतनामी प्रतिरोध युद्ध के प्रारंभिक दिनों में जब हमारा देश और उसकी युवा फौज रसद व शस्त्रास्त्र के अभाव में एक ताकतवर हमलावर का मुकाबला कर कुर्बानी दे रही थी, ऐसे वक्त भारतीय छात्रों व युवकों ने जनवरी 1947 में कलकत्ता में हमारे संघर्ष के समर्थन में जो साहसपूर्ण प्रदर्शन किया उसके समाचार ने हमंम अतिरिक्त साहस व बल प्रदान किया है। हमारे देश के इतिहास के इस कठिन दौर में आपके समर्थन ने हमारे देश को न सिर्फ उत्साहित किया है बल्कि हमारी विजय यात्रा में प्रभावपूर्ण योगदान भी दिया है।

अभी तक भी हमारी विजय यात्रा संपूर्ण नहीं हुई है क्योंकि हमारा राष्ट्र विभाजन के उस दर्द को झेल रहा है, जिसे साम्राज्यवादी हलके स्थायी बनाने की भरपूर चेष्टा में लगे हैं। पितृभूमि के एकीकरण के लिए शांतिपूर्ण तरीके से एक कठिन युद्ध जारी है। और इसमें भी हम भारतीय जनता के मैत्रीपूर्ण समर्थन के लिए ऋणी हैं।

हमारे राष्ट्रपति की भारत यात्रा के दौरान भारतीय भाइयों-बहनों ने हमारे देश व नेताओं के प्रति जिस भ्रातृसुलभ भावना का प्रदर्शन किया उससे हम अत्यंत अभिभूत हैं। यह भावना हमारे दो देशों के साझे हितों से जन्मी है। हमारे दोनों देश एक लंबी औपनिवेशिक गुलामी से एक लंबे संघर्ष के बाद स्वतंत्र, सार्वभौम राष्ट्रों के रूप में उभरे हैं और अपनी स्वतंत्रता व शांति को बनाये रखने के लिए प्रतिबद्ध हैं।

हमें उम्मीद है कि हमारे राष्ट्रपति की भारत-यात्रा हमारे दो देशों की जनता के बीच मैत्री को और अधिक सुदृढ़ करेगी तथा एशियाई-अफ्रीकी देशों के भ्रातृत्व को बढ़ाएगी और शांति के उद्देश्य के प्रति समर्पित रहेगी।

एक बार फिर, हमारे देश की सहायता के लिए हमारा सच्चा आभार स्वीकार करें। आपके सुस्वास्थ्य तथा कामों में महान् सफलता की कामना के साथ, हम हैं-

मित्रवत् आपके,

हस्ताक्षर/

न्गुएन को थाच

वाणिज्य दूत

प्रतिष्ठा में

श्री गौतम चट्टोपाध्याय,

श्री कमलापति राय,

2, पाम प्लेस,

कलकत्ता-19

भारत-वियतनाम के संबंधों की मजबूत नींव जवाहर लाल नेहरू और हो चि मिन्ह के संयुक्त प्रयासों से रखी गई जिनकी शुरुआत 1958 में हो चि मिन्ह की भारत की राजकीय यात्रा से हुई थी।

पारस्परिक हितों के अलावा जिन आदर्शों और सिद्धान्तों के मद्देनजर भारत-वियतनाम संबंधों की नींव रखी गई वह आज भी अनुकरणीय व प्रासंगिक हैं। अलग परिच्छेद में विस्तृत रूप से उनके वक्तव्य, संवाददाता सम्मेलनों की रपट प्रस्तुत की जा रही है।

हो चि मिन्ह की भारत-यात्रा

जवाहर लाल नेहरू के आमंत्रण पर हो चि मिन्ह 1958 में भारत की ग्यारह दिवसीय राजकीय यात्रा पर भारत आये। उनकी यात्रा राजधानी दिल्ली से शुरू हुई। वह पंजाब, जयपुर, आगरा व मुम्बई आदि स्थानों का दौरा करते हुए यात्रा के अंतिम चरण में कोलकाता पहुंचे। अपनी यात्रा के दौरान वह केवल पर्यटन केंद्रों (ताजमहल आदि) तक ही नहीं गये बल्कि बांध, कल-कारखाने, वैज्ञानिक अनुसंधान केंद्रों का भी बारीकी से निरीक्षण किया। उनकी उत्सुकता और जिज्ञासा का इसीसे अंदाजा लगाया जा सकता है कि वह एक के बाद एक लगातार प्रश्न करते रहते थे। एक सवाल वह हर जगह पूछते थे कि अमुक क्षेत्र में भारत-वियतनाम के बीच संयुक्त सहयोग क्या संभव है?

बार-बार इसका उल्लेख किया जा चुका है कि वह जहां-जहां भी गये, अपने व्यवहार से लोगों का दिल जीता और अपनी अमिट छाप छोड़ी।

इस परिच्छेद में दिल्ली व कोलकाता में आयोजित विभिन्न समारोहों में उनके वक्तव्य व संवाददाता सम्मेलनों में हुए प्रश्नोत्तरों का संक्षिप्त विवरण दिया जा रहा है।

प्रेसिडेंट हो चि मिन्ह स्वागत-समिति द्वारा आयोजित स्वागत-समारोह में प्रेसिडेंट हो चि मिन्ह का भाषण नई दिल्ली, फरवरी 6, 1958

देवियो और सज्जनो,
भाइयो और बहनो,

मैं बहुत खराब अंग्रेजी बोलता हूं, परन्तु किसी दुभाषिए के माध्यम से बात करने के बजाय मैं सीधे आपसे मुखातिब होना चाहता हूं।

सबसे पहले, इतने भ्रातृत्वपूर्ण स्वागत के लिए आप सभी को बहुत-बहुत धन्यवाद। दूसरे, वियतनाम की सरकार व जनता की ओर से अंत्यंत गर्मजोशी से मैं आप सभी का अभिवादन करना चाहता हूं।

यहां आने से पहले मैंने अच्छा सा भाषण तैयार किया था, परंतु अब मैं सब भूल गया। आप अनुमति दें तो मुझे जो कहना है, कहूं।

भाइयो और बहनो, आपने अच्छे-अच्छे लफ्जों के इस्तेमाल से मुझे एक 'हीरो' बना दिया। परंतु मेरे ख्याल से असली हीरो तो वे सैकड़ों, हजारों वियतनामी व भारतीय हैं, जिन्होंने कष्ट सहा, जिन्होंने लड़ाई लड़ी। मैं नहीं।

जब हमारा देश, और आपका भी, उत्पीड़ित थे, हमने कष्ट सहे, लड़ाई लड़ी और अत्याचारियों को खदेड़ बाहर किया। अब हमें लड़ाई जारी रखनी है तंगहाली के खिलाफ, नासमझी और अज्ञान के खिलाफ। हमारे पास हजारों हीरो हैं, वियतनामी भी और भारतीय भी, जो एक नई जिंदगी की रचना कर रहे हैं।

आपने कहा कि मैं एक हीरो की जिंदगी जीता हूं। मुझे क्षमा करें, यह सही नहीं है। मैं अब 67 साल का हूं; उम्र कुछ कम लगती है, नहीं क्या? 57 सालों तक मैंने कष्ट सहे हैं। अपने वियतनामी भाइयों को कष्ट सहते और विदेशियों के हाथों उनके साथ बदसलूकी होते देखने का कष्ट सहा है। मैंने अपना देश छोड़ा और सबसे पहले जिस देश में आया, वह था भारत। मैंने अपने भारतीय भाइयों को भी विदेशी जूते तले कष्ट सहते पाया। फिर मैं भारत छोड़कर अफ्रीका गया। वहां भी मैंने वही देखा: विदेशियों द्वारा अफ्रीकी भाइयों पर अत्याचार। फिर अफ्रीका से मैं अमरीका गया। वहां अपने भाइयों को, जिन्हें नीग्रो कहा जाता था अपने ही गोरे भाइयों के हाथों महज इसलिए अत्याचारित होते पाया, क्योंकि वे काले थे। वे सब के सब उत्पीड़ित भले ही न हों पर अत्याचारित तो थे ही। मुझे अभी भी याद है न्यूयार्क, आपमें से बहुतों को होगा। मुझे याद है, एक ओर ब्रुकलिन, मैनहट्टन की गगनचुंबी खूबसूरत और संपन्न इमारतें और दूसरी ओर मुझे हर्लेम का वह इलाका भी याद है जहां हमारे नीग्रो भाई तंगहाली में जी रहे थे। मुझे यह न्यायोचित नहीं लगा...। हमें यह

सूरते-हाल बदलनी होगी। और हमने बदली। हमारा देश आजाद हो चुका है। भारत भी आजाद है। चीन, इंडोनेशिया, बर्मा, इजिप्ट, सूडान, मोरक्को, ट्यूनीसिया आदि देशों को भी आजादी मिल चुकी है, और मुझे खुशी है। परन्तु क्या मैं सौ फीसदी खुश हूं? नहीं, क्योंकि अभी भी मेरा देश अस्थायी तौर पर विभाजित है। भारत में भी कुछ भाई-बहन अभी भी अत्याचारित हैं। गोवा में, अफ्रीका में, हमारे कुछ भाई-बहन अभी भी कठिनाइयों का मुकाबला करते हुए, कुर्बानियां देते हुए बहादुरी से लड़ रहे हैं। और फिर अमरीका में, शायद आपको 'लिटिल रॉक' के बारे में पता हो। मुझसे बेहतर जानते होंगे आप। मुझे पता है वहां एक नहीं कई लिटिल राक्स हैं और अभी भी वहां ऐसे लोग हैं जो ऐटम और हाइड्रोजन बमों का ढेर जमा कर कई हिरोशिमा और नागासाकी को अंजाम देने की सोचते हैं। ये सही नहीं है। ये हालात हमें बदलने होंगे, और बदलने चाहिए। एशिया और अफ्रीका में कई देश अब आजाद हैं। हम फिर से गुलाम नहीं बनना चाहते। क्या आप चाहते हैं? नहीं, हममें से कोई भी नहीं चाहता। हम नहीं चाहते कि हमारे भाई-बहनों को फिर से हिरोशिमा और नागासाकी की त्रासदी झेलनी पड़े। बल्कि हम तो मिल जुलकर अपने और अपने बच्चों के लिए एक खुशहाल जिंदगी, पारस्परिक सहयोग की जिंदगी के लिए प्रयास करेंगे।

जैसा कि मैंने पहले कहा, यहां आने से पहले मैंने एक अच्छा सा भाषण सोचा था, पर यहां पहुंच कर मैं भूल गया। क्यों? वो इसलिए क्योंकि सर्दियों में लोगों को ठंड लगती है, कष्ट सहना पड़ता है। परंतु बसंत के आगमन पर जब फूल खिलते हैं, पंछी चहचहाते हैं, बच्चे खेलते हैं तो हम सर्दियों के सारे कष्ट भूल जाते हैं। अब जब मैं यहां आया हूं और आप सभी भाई-बहनों-मित्रों को शांति, सहयोग और मैत्री के लिए संघर्षशील देखता हूं तो मेरे लिए तो यही बसंत है, मानवता का बसंत। इसीलिए मैं अपना तैयार भाषण भूल गया।

जब हमारा देश एक हो जाएगा—और ऐसा निश्चित तौर पर होगा—तो मुझे उम्मीद है, आप हमारे देश में, अपने वियतनामी भाई-बहनों के बीच पधारेंगे और कहेंगे—'पंचशील की जय।'

प्रेसिडेंट हो चि मिन्ह स्वागत-समिति द्वारा आयोजित स्वागत-समारोह में प्रधानमंत्री जवाहर लाल नेहरू का भाषण

...मैं देर से आया, इसके लिए माफी चाहता हूं। पर इससे नुकसान मेरा ही हुआ। मेरे बोलने की न तो कोई वजह है और न ही यह मौका है। पर मुझे कुछ बोलने को कहा गया है, ऐसे में न बोलना सही नहीं होगा, इसलिए बोल रहा हूं।

कई मुल्कों की कई हस्तियों का स्वागत करने के हमें कई मौके मिले। हमने यथोचित सम्मान और स्नेह के साथ उनका स्वागत-सत्कार किया, परन्तु जिस मेहमान का आज हम स्वागत कर रहे हैं वो लाजवाब हैं। यह लाजवाबपन नीतिगत सवालों से पैदा नहीं होता, पैदा इस सच्चाई से होता है कि हमारे मेहमानों में कोई भी इतना सहज और सादगीपूर्ण नहीं था जिसे देखते ही हम स्नेहभाव से उसकी ओर खिंचे चले जाएं।

यह एक बड़ी बात है। इंसानियत और इंसान के प्रति प्यार बहुत बड़ी चीज होती है, जो प्यार को जन्म देती है।

साढ़े तीन साल पहले मैं इनसे इनके मुल्क में, हनोई में मिला। और मुझे लगा जैसे मुझ पर कोई हमला हुआ हो–प्यार व स्नेह का हमला–जिसे रोक पाना मुश्किल था। वह स्मृति मेरे और मेरे साथ जो भी थे उन सबके साथ आज भी है। हमने उसे सहेज कर अपने दिलों में रख रखा है।

मुझे खुशी है कि यह मौका हाथ लगा और हम एक बार फिर मिल पाए। मैं एक घटना का जिक्र करना चाहता हूं जिससे आपको इन्हें समझने में मदद मिलेगी। कल जब हम पालम से साथ-साथ आ रहे थे, इन्होंने मुझे बताया कि महात्मा जी की समाधि पर चढ़ाने के लिए ये एक पुष्प-चक्र तथा रोपने के लिए एक पौधा साथ लाये हैं। फिर इन्होंने मुझे बताया कि मेरे पिताजी के लिए भी ये फूल लाये हैं। इस बात ने मेरे दिल को गहराई तक छू लिया। मैं इन्हें क्या कहूं, समझ ही न पाया। ये ऐसे इंसान हैं।

तीस साल पहले 1928 में ये मेरे पिता से मिले थे। उस वक्त एक महत्त्वपूर्ण संगठन था, आपको हो सकता है पता हो, जिसका नाम था लीग अगेंस्ट इंपीरियलिज्म (साम्राज्यवाद विरोधी संघ), जिसकी बैठकें ब्रुसेल्स में हुआ करती थीं। उनमें भाग लेने मैं भी जाया करता था। उस बार मैं नहीं जा पाया क्योंकि विशेष काम से मुझे भारत लौटना था तो मैंने पिताजी से आग्रह किया कि उक्त समिति की बैठक में वे हिस्सा लें। उस वक्त ये (हो चि मिन्ह) मेरे पिता से मिले थे। जब मैं इनसे हनोई में मिला तो इन्होंने मुझे विस्तार से उस भेंट के बारे में बताया। उक्त भेंट की याद इनके जहन में ताजा थी।

इस तरह की छोटी-छोटी बातों से एक इंसान का पता चलता है और ये मामूली बातें आम तौर पर बड़ी समझी जाने वाली बातों से गहरा असर छोड़ती हैं। ये कद में छोटे हैं पर इनका दिल बहुत बड़ा है। और इनका स्वागत-सत्कार करना खुद हमें महान् बनाता है।

नई दिल्ली में आयोजित पहले संवाददाता सम्मेलन में डॉ. हो चि मिन्ह

नई दिल्ली, 7 फरवरी (1958)

आज राष्ट्रपति भवन में एक विशाल पत्रकार-सम्मेलन में उत्तर वियतनाम के राष्ट्रपति डॉ. हो चि मिन्ह ने कहा कि अस्त्र-प्रतियोगिता तथा आणविक व पारमाणविक हथियारों के सर्व प्रकार परीक्षण बंद करने के लिए राष्ट्राध्यक्षों को एकत्र होकर वार्ता करनी चाहिए।

डॉ. हो ने प्राच्य व पाश्चात्य राष्ट्रों के बीच अनाक्रमण संबंधी रूस के प्रस्ताव का समर्थन तथा 'सीटो' व 'नाटो' आदि सामरिक संधियों का तीव्र विरोध किया।

डॉ. हो ने कहा कि उनके देश की सबसे जरूरी समस्या है पुनर्एकीकरण। दक्षिण वियतनाम में विदेशी उकसानी के कारण जेनेवा संधि का लंघन हुआ है। हमारी मांग स्पष्ट व अपरिवर्तित है। जेनेवा-संधि के अनुरूप हम चाहते हैं कि शांतिपूर्ण तरीके से गणतांत्रिक व स्वाधीनता के आधार पर वियतनाम का पुनर्मिलन हो। इसके लिए सारे देश में अबाध

आम चुनाव कराने के बारे में हम दक्षिण वियतनाम के कर्ताधर्ताओं के साथ वार्ता के लिए तैयार हैं।

इस विषय पर उन्होंने प्रधानमंत्री नेहरू से अपने प्रभाव का उपयोग करने को कहा है कि नहीं—इस प्रश्न के उत्तर में डॉ. हो ने कहा कि श्री नेहरू के साथ उनकी वार्ता की संयुक्त विज्ञप्ति जब तक प्रकाशित नहीं हो जाती, वह कुछ भी नहीं कह सकते।

सम्मेलन के प्रारम्भ में प्रेसिडेंट हो ने एक लिखित बयान का पाठ किया जिसमें उन्होंने अलजीरिया में युद्ध-विराम तथा जनता की स्वाधीनता की आकांक्षा को यथायोग्य मर्यादा देने की मांग की। उन्होंने कहा कि फारमोसा गणतांत्रिक चीन को, पश्चिम इरियन इंदोनेशिया को तथा गोवा भारत को लौटा देना ही उचित है।

डॉ. हो ने कहा—'आज पृथ्वी पर युद्धकामियों से शांतिकामियों की संख्या अधिक है, वे ही अधिक शक्तिशाली हैं। फिर भी आणविक युद्ध की विपत्ति अभी भी विद्यमान है। समस्त मानव-जाति की सुख-शांति के लिए हम तहेदिल से भारत की शांतिनीति का समर्थन करते हैं।'

प्रेसिडेंट हो ने कहा कि सीटो गुट के साथ नाटो और बगदाद गुट के गठबंधन के षड्यंत्र ने अंतर्राष्ट्रीय उत्तेजना में वृद्धि की है।

उत्तर वियतनाम चीन के प्रभाव में है, क्या यह सच है?—एक पत्रकार ने जब यह पूछा तो प्रेसिडेंट हो ने उसे हंसी में उड़ा दिया और कहा—'यह अभियोग बिल्कुल झूठा और मूर्खतापूर्ण है।' उन्होंने कहा कि चीन और रूस के साथ उत्तर वियतनाम के भ्रातृवत संबंध हैं। राष्ट्रीय पुनर्निर्माण के काम में उन्हें चीन, रूस व भारत से मदद मिल रही है, और बिना किसी राजनीतिक शर्त के। नि:शर्त मदद वे किसी भी देश से, अमरीका से भी, लेने को तैयार हैं।

एक पत्रकार ने भारत में महात्मा गांधी और इंडोचीन में प्रेसिडेंट हो चि मिन्ह की तुलनात्मक भूमिका के बारे में प्रश्न किया तो प्रेसिडेंट हो ने रुक-रुक कर विशुद्ध अंग्रेजी में जवाब दिया—

'यह एक हास्यास्पद सवाल है। महात्मा गांधी ने अपने देश के लिए अपना सारा जीवन उत्सर्ग कर दिया है, स्वाधीनता की राह पर चालीस

करोड़ लोगों को नेतृत्व दिया है। और मैंने? इस प्रकार की तुलना को यदि प्रश्रय दूं तो मैं हो चि मिन्ह नहीं मूर्ख कहलाऊंगा। हम सभी, स्वयं मैं भी प्रत्यक्ष या परोक्ष रूप से गांधी के ही शिष्य हैं।'

(आनंद बाजार पत्रिका, 14 फरवरी, 1998)

कोलकाता में डॉ. हो चि मिन्ह

बुधवार की शाम जब वियतनाम के प्रेसिडेंट हो चि मिन्ह बंगलोर से कोलकाता पहुंचे तो कोलकाता के नागरिकों ने उनका भव्य स्वागत किया।

डॉ. हो का दर्शन करने के लिए दमदम हवाई अड्डे पर विशाल जनसमुदाय एकत्र हुआ। बंगलोर से डॉ. हो को लेकर जब विमान हवाई अड्डे पर उतरा तो हजारों लोगों ने आनंदध्वनि की।

64 वर्षीय वियतनाम के प्रेसिडेंट हो ने श्वेतशुभ्र पोशाक पहन रखी थी। विमान से उतरकर हंसते हुए उन्होंने उपस्थित जनसमुदाय का अभिवादन ग्रहण किया। राज्यपाल सुश्री पद्मजा नायडू के करीब जाकर उन्होंने हंसते हुए कहा, 'लौटकर (अपने) घर आया हूं, राज्यपाल ने माला पहना कर डॉ. हो का स्वागत किया फिर राज्य के मुख्यमंत्री डॉ. विधान चंद्र राय से उनका परिचय कराया। प्रेसिडेंट हो ने लाल गुलाब का एक गुलदस्ता राज्यपालको भेंट किया।

विपुल जनता की जयध्वनि के बीच डॉ. हो राज्यपाल श्रीमती नायडू तथा मुख्यमंत्री डॉ. राय सहित एक खुली गाड़ी में हवाई अड्डे से राजभवन के लिए रवाना हुए। हवाई अड्डे से राजभवन सुदीर्घ आठ मील लंबे रास्ते के दोनों ओर खड़े विशाल जनसमुदाय ने डॉ. हो को देखते ही तालियां बजाकर उनका अभिनंदन किया। हो चि मिन्ह जिंदाबाद की ध्वनि से राजपथ मुखरित हो उठा। डॉ. हो के दर्शन के लिए लोग घरों की छतों और बरामदों में प्रतीक्षा करते दिखे। और प्रेसिडेंट हो हाथ जोड़कर लोगों का अभिवादन स्वीकार कर रहे थे।

(आनंद बाजार पत्रिका, 13 फरवरी, 1958)

पत्रकार सम्मेलन

डॉ. हो चि मिन्ह ने वृहस्पतिवार क़ो कोलकाता में अनुष्ठित एक पत्रकार सम्मेलन में कश्मीर के बारे में यह स्पष्टोक्ति की कि मुम्बई, बंगलोर या कोलकाता की ही तरह कश्मीर भी भारत का अंश है। उत्तर और दक्षिण वियतनाम के एकीकरण की राह में जो बाधाएं हैं उनका उल्लेख करते हुए डॉ. हो ने कहा कि स्वाधीन और लोकतंत्र सम्मत आम चुनाव के माध्यम से उत्तर वियतनाम के साथ एकीकरण की राह में नाना बाधाएं सामने आ रही हैं।

डॉ. हो ने दृढ़ता के साथ यह आशा व्यक्त की कि अंततः वियतनाम की आम जनता की इच्छाओं की ही विजय होगी। वियतनाम की आम जनता चाहती है, शांति, लोकतंत्र और पुनर्मिलन। उसकी इन इच्छाओं का दमन कोई भी नहीं कर पाएगा।

कश्मीर के बारे में डॉ. हो ने कहा कि कश्मीर के सदर-ए-रियासत ने उन्हें कश्मीर भ्रमण का आमंत्रण दिया है। स्वयं उनकी भी कश्मीर जाने की इच्छा है।

नागरिक अभिनंदन

कोलकाता पौरसभा की ओर से राष्ट्रपति डॉ. हो को बांग्ला भाषा में लिखित जो मान-पत्र प्रदान किया गया, मेयर डॉ. त्रिगुणा सेन ने उसका पाठ किया। उक्त मानपत्र में कहा गया है कि 'आपके आगमन द्वारा एशिया महादेश की स्वर्णशिखर सुप्राचीन सभ्यता तथा मानव संस्कृति की हीरकद्युति भारतवर्ष और वियतनाम को महान मैत्री के उजाले से आलोकित कर दे।'

इस अवसर पर डॉ. हो को बुद्ध की एक कांस्यमूर्ति, रेशमी कपड़े पर अंकित एक चित्र, तथा मानपत्र प्रदान किया गया। डॉ. हो ने स्वर्ण पत्तर पर प्रस्तुत महात्मा गांधी व जवाहर लाल नेहरू की दो प्रतिकृतियां कोलकाता पौरसभा को उपहार स्वरूप दीं।

डॉ. हो का भाषण

अपने भाषण में राष्ट्रपति हो ने जोर देकर कहा कि वियतनाम के अधिवासी जेनेवा संधि के अनुरूप उत्तर व दक्षिण वियतनाम के एकीकरण के प्रति संकल्पबद्ध हैं।

डॉ. हो ने बंगाल, खासकर कोलकाता के अधिवासियों का अभिनंदन करते हुए कहा कि भारत के स्वाधीनता संग्राम में बंगालियों की महत्त्वपूर्ण भूमिका रही है। वियतनाम के प्रतिरोध संग्राम में कोलकातावासियों ने जो समर्थन दिया है उसे वियतनामवासी हमेशा याद रखेंगे।

इस अभिनंदन सभा में पश्चिम बंगाल की राज्यपाल डॉ. पद्मजा नायडू उपस्थित थीं। इसके अतिरिक्त राज्य विधानमंडल के सदस्य, कौंसिलर एवं अनेक विशिष्ट नागरिकों व महिलाओं ने इस अनुष्ठान में भाग लिया। इस अवसर पर पौरसभा-भवन को चारों ओर से बड़े सुंदर ढंग से फूलों से सजाया गया था तथा शहनाई की सुमधुर ध्वनि से डॉ. हो का स्वागत किया गया। मेयर डॉ. (त्रिगुणा) सेन ने तिलक लगाकर, पान व इत्र प्रदान कर उनका सम्मान किया।

महाबोधि में सम्मान

उसी दिन शाम को भारतीय महाबोधि सोसायटी की ओर से प्रेसिडेंट डॉ. हो को सम्मानित किया गया। इस आयोजन की अध्यक्षता राज्यपाल पद्मजा नायडू ने की। दोपहर को उस दिन डॉ. हो चि मन्ह ने कविगुरु रवीन्द्रनाथ के जोड़ासांको वास-भवन तथा रवीन्द्र भारती का परिदर्शन किया। उन्हें रवीन्द्रनाथ की कुछ पुस्तकें उपहार स्वरूप प्रदान की गईं। रवीन्द्रभारती में उन्होंने रवीन्द्रनाथ के चित्र पर माल्यार्पण किया।

प्रातःकाल डॉ. हो ने स्कूल ऑफ ट्रापिकल मेडिसिन, बोस इंस्टीट्यूट तथा इंडियन स्टैटिस्टिकल इंस्टीट्यूट का परिदर्शन किया। शेषोक्त इंस्टीट्यूट का परिदर्शन करते हुए उन्होंने कहा कि उक्त प्रतिष्ठान में विशेष शिक्षा लाभ के लिए वियतनामी छात्रों के एक दल को भेजा जा सकता है। वियतनाम से लाये गए 'पीच' और 'कोराट' के दो पौधों का उन्होंने राजभवन में रोपण किया।

प्रेसिडेंट हो चि मिन्ह के विदाई-प्रसारण का अंश/भारत/फरवरी 14, 1958

सचमुच बहुत जल्दी गुजर गए दस दिन। एक वियतनामी मुहावरा है कि कोई उदास हो तो वक्त बहुत धीमी रफ्तार से बीतता है, पर कोई खुश हो तो समय तेजी से उड़ जाता है। भारतीय सरकार व जनता की गर्मजोशी और मेहमाननवाजी का शुक्रिया कि हमें लग रहा है कि वक्त बहुत जल्द बीत गया। भारत की खूबसूरत दृश्यावली हमें हमेशा याद रहेगी। भारतीय मित्रों, युवाओं और बच्चों ने जिस गर्मजोशी और मैत्री का प्रदर्शन किया उसे हम कभी नहीं भूल पाएंगे। स्वदेश में हम अपने साथी देशवासियों को बताएंगे कि हमने क्या देखा और क्या सुना। हम अपने देशवासियों तक भारतीय मित्रों की हार्दिक शुभकामनाएं पहुंचाएंगे।

हम आपका देश छोड़ रहे हैं पर आपको कभी नहीं छोड़ेंगे। हमारा इतना हार्दिक स्वागत-सत्कार करने के लिए राष्ट्रपति राजेन्द्र प्रसाद, प्रधानमंत्री जवाहरलाल नेहरू तथा सरकार के सभी सदस्यों को हमारा हार्दिक धन्यवाद। हम विभिन्न राज्यों के राज्यपालों, मुख्यमंत्रियों, मंत्रियों, महापौरों, अधिकारियों तथा विमान-चालकदल के सदस्यों के भी शुक्रगुजार हैं जिन्होंने इतनी सावधानी से हमारी देखभाल की।

हम आप सबसे विदा लेते हैं। विदा महान भारतीय गणतंत्र के हमारे प्रिय भाइयों-बहनों! भारत के बच्चों, मेरे भतीजों-भतीजियों! चाचा हो का तुम्हें बहुत-बहुत प्यार।

वियतनामी-भारतीय जनता की मैत्री दीर्घजीवी हो।
एशियाई-अफ्रीकी भाईचारा दीर्घजीवी हो।
विश्वशांति दीर्घजीवी हो।
जय हिंद!

प. बंगाल सरकार की ओर से आयोजित अभिनंदन समारोह में बोलते हुए हो चि मिन्ह

आपके खूबसूरत देश की सद्भावना यात्रा के दौरान महत्त्वपूर्ण बंदरगाह तथा भारतीय गणतंत्र के महान औद्योगिक, सांस्कृतिक व वैज्ञानिक केंद्र

कोलकाता में आने की हमें बेहद खुशी है। हम तेहदिल से आपकी गर्मजोशी के लिए आपके शुक्रगुजार हैं और शुक्रगुजार हैं महामहिम राज्यपाल के उनकी शुभकामनाओं के लिए। यह वियतनामी जनता का बहुत बड़ा सम्मान है। वियतनामी लोकतांत्रिक गणतंत्र की सरकार तथा वियतनामी जनता की ओर से आपको, कलकत्ता के सभी नागरिकों और पश्चिम बंगाल की जनता को हमारी हार्दिक शुभकामनाएं।...

.... प्रिय दोस्तो,

हमें यह देख कर खुशी है कि हमारे दो देशों के बीच लंबे समय से चले आ रहे मैत्री-संबंध पिछले कुछ वर्षों से पंचशील के आधार पर संतोषजनक रूप से बढ़ रहे हैं। हमें उम्मीद है कि हमारी इस भारत यात्रा से हमारे मैत्री संबंध और पारस्परिक सहयोग और अधिक मजबूत होंगे साथ ही एशिया-अफ्रीकी भाईचारे तथा विश्वशांति को और अधिक सुदृढ़ करेंगे।

पत्रकारों के प्रश्न का उत्तर देते प्रेसिडेंट हो चि मिन्ह

मैं ही क्यों, सभी सच्चे पत्रकारों का सम्मान करते हैं। कुछ वक्त तक मैं खुद भी पत्रकार था। पत्रकार के तौर पर जो कुछ मैंने किया और जो कुछ आप आज कर रहे हैं, उसमें समानताएं भी हें और असमानताएं भी। एक समानता तो यह है कि मैंने अपनी कलम का इस्तेमाल उपनिवेशवाद और साम्राज्यवाद की आलोचना करने में किया। कुछ समय तक उपनिवेशवाद का प्रतिरोध करने के लिए मैंने कलम छोड़कर रायफल उठा ली। जहां तक आपका सवाल है, आपका लक्ष्य मुल्कों में दोस्ती मजबूत करना है। समानता यह है कि हम सभी अपनी कलम का इस्तेमाल शांति, लोकतंत्र और समाजवाद को मजबूत करने के लिए कर रहे हैं, जैसा कि प्रधानमंत्री नेहरू ने कहा था।

मैं जब फ्रांस में था, एक साथ प्रधान संपादक, संपादक और 'डिस्पैचर' (प्रेषक) था, हालांकि फ्रांसीसी भाषा बहुत कम जानता हूं। मेरे संवादपत्र का उद्देश्य फ्रांसीसी उपनिवेशवाद की आलोचना करना था।

चूंकि मैं बहुत कम फ्रांसीसी जानता था और आर्थिक तंगहाली थी इसलिए मैंने कुछ भारतीय मित्रों और उपनिवेशों के सभी क्रांतिकारियों से आग्रह किया कि वे लेख भेजें और धन से भी मेरी मदद करें। इसने फ्रांसीसी उपनिवेशवादियों में काफी बेचैनी पैदा कर दी। चूंकि वे नहीं चाहते थे कि हमारे पत्र का अधिक प्रसार हो, इसलिए वे ही हमारे सबसे बड़े ग्राहक थे। इस प्रकार 1919 से 1923 तक मैंने 'द पैरिया' का संपादन किया।

(आनंदबाजार पत्रिका/शुक्रवार, फरवरी 14, 1958)

कश्मीर भारत का अभिन्न अंश
पत्रकार सम्मेलन में डॉ. हो चि मिन्ह का बयान

(स्टाफ रिपोर्टर)

वियतनाम गणतंत्र के राष्ट्रपति डॉ. हो चि मिन्ह ने वृहस्पतिवार कलकत्ता में अनुष्ठित एक पत्रकार सम्मेलन में कश्मीर के विषय में यह मंतव्य किया कि बम्बई, बंगलोर या कलकत्ता की ही तरह कश्मीर भी भारत का अविभाज्य अंश है। एक अन्य सभा में उन्होंने कहा कि गोवा भारत का ही अंश है और उसका भारतीय राष्ट्र में मिलना ही उचित है।

उसी दिन उनका कलकत्ता पौर सभा की ओर से नागरिक अभिनंदन तथा भारतीय महाबोधि सोसायटी की ओर से अभिनंदन किया गया। डॉ. हो ने कविगुरु रवीन्द्रनाथ के निवास रवीन्द्र भारती, स्कूल ऑफ ट्रांपिकल मेडिसिन, बोस इंस्टीट्यूट तथा इंडियन स्टैंडर्ड इंस्टीट्यूट का भी परिदर्शन किया।

दस दिन व्यापी भारत भ्रमण के पश्चात् आज (शुक्रवार) वे कलकत्ता से रंगून के लिए रवाना हो रहे हैं।

मीडिया की नजर में

वियतनाम के राष्ट्रपति डॉ. हो चि मिन्ह की भारत-यात्रा को लेकर जो असीम उत्साह भारतीय जनता में था उससे कुछ कम उत्साह भारतीय प्रिंट मीडिया में नहीं था। सारे देश के पैमाने पर मीडिया ने जननायक डॉ. हो कि यात्रा का अपने-अपने पत्रों में लेखों व समाचारों के माध्यम से स्वागत किया। यहां प्रस्तुत हैं विभिन्न पत्रों में छपे समाचारों के कुछ अंशः-

हो ने इंजन चालक को गले लगाया

आगरा, फरवरी 9 (1958)। वियतनाम जनवादी गणतंत्र के राष्ट्रपति डॉ. हो चि मिन्ह ने उन्हें नांगल से आगरा ले जाने वाली विशेष रेल गाड़ी के इंजन-चालक व फायरमेन को गले लगाकर धन्यवाद दिया।

रेलगाड़ी जब मथुरा पहुंची तो उत्तर वियतनाम के राष्ट्रपति गाड़ी से उतर कर इंजन चालक व फायरमैन के पास पहुंचे, उन्हें गले लगाया तथा उनके साथ फोटो खिंचवाई।

—पीटीआई

5 फरवरी 1958 के अंक में 'नेशनल हेरॉल्ड' ने लिखाः

भारत व इंडो-चायना के संबंध सदियों पुराने हैं परंतु अब वे पहले से कहीं अधिक मजबूत हैं और राष्ट्रपति हो की यात्रा न केवल उस आपसी समझ को, जो अभी पर्याप्त है, और बढ़ाएगी बल्कि एशियाई मुक्ति की एकता की ओर भी ले जाएगी।

'भारत-वियतनाम संपर्क' शीर्षक के अंतर्गत जेडएच काजमी ने 'हिन्दुस्तान स्टैंडर्ड' के 9 फरवरी 1958 के अंक में लिखा:

राष्ट्रपति हो चि मिन्ह की भारत-यात्रा दोनों देशों के बीच सदियों से चले आ रहे रिश्तों को और मजबूत करेगी तथा सांस्कृतिक उन्नति, आर्थिक प्रगति व राजनीतिक स्थिरता के क्षेत्र में उन्हें और करीब लाएगी। केवल इसी प्रकार वे जाग्रत पूर्व के महान व गौरवशाली भविष्य का मिलजुल कर निर्माण कर पाएंगे और अंतर्राष्ट्रीय शांति बनाए रखने में सहायक हो सकते हैं।

'अमृत बाजर पत्रिका ' के 5 फरवरी 1958 के अंक में एक विशेष लेख प्रकाशित हुआ जिसका एक अंश इस प्रकार है:

दक्षिण व दक्षिण-पूर्व एशिया के दो प्राचीन पड़ोसी देशों–भारत व वियतनाम- के बीच जो पारस्परिक संवेदना व सहयोग का जो महान व चिरस्थायी आधार है वह है इतिहास की आधुनिक अवस्था में उनके साझे ऐतिहासिक अनुभव। आज उनके समक्ष जो समस्याएं हैं उनकी समानता तथा नये खतरों के बावजूद उनके सामने जो गौरवशाली भविष्य है, उसकी ओर इंगित करती एक सी ऐतिहासिक नियति।

इसी पत्र के एक अन्य लेख में वियतनाम के स्वाधीनता संग्राम में भारतीय जनता के सहयोग व समर्थन का उल्लेख करते हुए लिखा गया:

इंडो-चायना व इंडोनेशिया के विरुद्ध भारतीय सेना के उपयोग के विरुद्ध श्री नेहरू ने दिसम्बर 1945 में लिखा था:

'स्वाधीनता के आधार के अतिरिक्त भारत या अन्यत्र कहीं भी शांति नहीं हो सकती।

भारत और बर्मा की जनता व समाचार पत्रों ने अत्यंत गर्मजोशी और स्नेह के साथ महान क्रांतिकारी, राजनेता तथा भ्रातृसुलभ वियतनामी जनता के प्रिय नेता हो चि मिन्ह का स्वागत किया। 7 फरवरी 1958 के अपने संपादकीय में 'द हिन्दू' ने राष्ट्रपति हो चि मिन्ह की भारत-यात्रा का इन शब्दों में स्वागत किया:

वियतनाम लोकतांत्रिक गणतंत्र के राष्ट्रपति डॉ. हो चि मिन्ह, जो भारत की सद्‌भावना यात्रा पर पधारे हैं, यह देश इंडो-चायनीज राष्ट्रवाद के सर्वमान्य नेता के रूप में उन्हें सम्मानित करेगा।

'दिल्ली टाइम्स' ने 2 फरवरी 1958 के अंक में लिखा:

डॉ. हो चि मिन्ह, हम आपका स्वागत करते हैं, आपको गले लगाते हैं। डॉ. हो चि मिन्ह का इतनी अंतरंगता व भ्रातृत्व भाव से हम स्वागत क्यों कर रहे हैं? क्योंकि वे अत्यंत विरल व्यक्तियों में से एक हैं। वे एक ऐसे वास्तुकार हैं जिन्होंने मनुष्य को कमर सीधी कर खड़ा रहना सिखाया।

'नेशनल हेराल्ड' ने 5 फरवरी 1958 के अंक में लिखा:

राष्ट्रपति हो चि मिन्ह कुछ हद तक इस देश की यात्रा करने वाले अत्यंत विलक्षण व्यक्ति हैं और उनकी अगवानी सिर्फ गर्मजोशी से नहीं बल्कि भरपूर स्नेह के साथ की जाएगी।

'इंडियन नेशन' में बी. एन. आजाद ने 9 फरवरी को लिखा:

इस बार का स्वागत समारोह कुछ भिन्न था। ऐसे अन्य समारोहों से इसमें कहीं अधिक गर्मजोशी थी, और वह इसलिए नहीं कि विगत दो वर्षों में जो विदेशी हस्तियां भारत-यात्रा पर पधारी, डॉ. हो चि मिन्ह का व्यक्तित्व उनसे कहीं महान् था। मुख्य कारण संभवत: यह था कि यह सम्मानित अतिथि एशियाई जनता का नेता था।

6 फरवरी 1958 के अंक में नेशनल हेराल्ड' ने कहा:

विगत दस वर्षों में भारत का दौरा करने वाली विदेशी हस्तियों में वे (डॉ. हो चि मिन्ह) सबसे विशिष्ट नजर आते हैं। (इसीलिए) दिल्ली में उनका जो स्वागत सत्कार हुआ वह भव्य से अधिक स्नेहपूर्ण था।

'हिन्दुस्तान टाइम्स' ने 'महान् एशियाई ' शीर्षक के अंतर्गत 6 फरवरी 1958 के अंक में पालम हवाई अड्डे पर राष्ट्रपति हो चि मिन्ह के स्वागत का वर्णन करते हुए लिखा:

प्रधानमंत्री नेहरू ने हो चि मिन्ह का स्वागत जिन शब्दों में किया, उन्हीं से जाहिर होता है कि वह उन्हें कितने सम्मान व स्नेह की दृष्टि से देखते हैं। अक्सर ऐसा नहीं होता कि (भारत) यात्रा पर पधारे मेहमान की बांह श्री नेहरू थामें परंतु पिछले बुधवार जब श्री हो पालम हवाई अड्डे पर उतरे तो राष्ट्रपति (हो चि मिन्ह) और प्रधानमंत्री (नेहरू) एक-दूसरे की बांह थामे चल रहे थे।

कोलकाता से प्रकाशित 'अमृत बाजार पत्रिका' ने सम्मानित अतिथि डॉ. हो चि मिन्ह का जिस हार्दिकता से कोलकाता की जनता ने स्वागत किया उसके बारे में 13 फरवरी 1958 के अंक में लिखा:

कलकत्ता डॉ. हो चि मिन्ह, जो इस महान शहर के सम्मानित अतिथि हैं, का हार्दिक स्वागत करता है। इस प्रकार के स्वागत-सत्कारों में यों तो रंग और दिखावा आम होते हैं, परंतु इस शहर ने जो गर्मजोशी और अनुष्ठानिकता दर्शाई उससे पता चलता है कि यहां के नागरिकों को इस छोटे से सादगीपूर्ण व्यक्ति से कितना प्रेम व स्नेह है। उनकी (हो चि मिन्ह की) कलकत्ता यात्रा की मधुर स्मृति इस नगर के नागरिकों को आने वाले कई वर्षों तक रहेगी।

'मिलाप' ने राष्ट्रपति हो चि मिन्ह को 'वियतनाम का बहादुर सैनिक' बताते हुए 5 फरवरी 1958 के अंक में लिखा:

आज यह बहादुर सैनिक एक अतिथि के रूप में हमारे बीच आ रहा है, और हम खुले दिल से उसका स्वागत करते हैं। हमें पक्का यकीन है कि एशिया की मुक्ति का जज्बा अब कभी भी कुचला न जा सकेगा।

7 फरवरी 1958 के अंक में 'हिन्दुस्तान' ने लिखा:

राष्ट्रपति हो चि मिन्ह वियतनामी जनता के क्रांतिकारी संघर्ष के प्रतीक हैं।

6 फरवरी 1958 के अंक में 'आंध्र प्रभा' ने इस प्रकार अपनी राय व्यक्त की:

डॉ. हो एक महापुरुष हैं। एक महान नेता, देशभक्त व क्रांतिकारी के रूप में वे प्रत्येक भारतीय के करीबी व स्नेहभाजन हैं।

'ट्रिब्यून' ने 7 फरवरी 1958 के अंक में कुछ इस प्रकार कहा:

इस तथ्य से इनकार नहीं किया जा सकता कि डॉ. हो चि मिन्ह एक अतिविशिष्ट राष्ट्रीय नेता हैं जिनके साहस, देशभक्ति व सत्यनिष्ठा को दक्षिण तक में सराहा जाता है।

7 फरवरी 1958 के अंक में बनारस के 'आज' ने 'हमारे समय के महान् संत' के प्रति श्रद्धासुमन अर्पित करते हुए लिखा:

डॉ. हो चि मिन्ह केवल सादगी व त्याग की प्रतिमूर्ति ही नहीं बल्कि उस क्रांतिकारी जज्बे के प्रतीक भी हैं जिसकी जड़ें उनकी मातृभूमि की मिट्टी में और (देश की) जनता के दिलों में हैं। डॉ. हो चि मिन्ह ताउम्र एक क्रांतिकारी रहे हैं।

'हिन्दुस्तान स्टैंडर्ड ' ने फरवरी 9 के अंक में लिखा:

लौह इच्छाशक्ति सम्पन्न व्यक्ति डॉ. हो चि मिन्ह ने भयंकर बाधाओं के बावजूद अपनी जनता का नेतृत्व किया। उन्होंने स्वतंत्रता संग्राम के दौरान जिस साधनसंपन्नता, साहस तथा दूरदृष्टि का परिचय दिया उसका कोई जवाब नहीं। बढ़ती उम्र व दुर्बल स्वास्थ्य के बावजूद वे दिन-रात काम करते हैं ताकि युद्ध से ध्वस्त देश की विनष्ट आर्थिक स्थिति का पुनर्निर्माण हो सके तथा लंबे समय से शोषित जनता को खुशहाल बनाया जा सके।

'द पीपल्स अंकल' शीर्षक के अंतर्गत 'नेशनल हेराल्ड' (9 फरवरी, 1958) ने लिखा:

हो चि मिन्ह में उनके देशवासियों ने एक बेचैन आत्मा को पाया। एकमात्र एक विचार था जो न सिर्फ हो के दिलो-दिमाग पर छाया था, बल्कि

जिसने उनके बौद्धिक व भावनात्मक जीवन को प्रभावित भी कर रखा था। और वह सर्वव्यापी विचार था वियतनाम को विदेशी दासत्व से मुक्ति दिलाना। वियतनामी जब उनकी प्रशंसा करते हैं तो अक्सर कहते हैं- 'उन्होंने अपना सारा जीवन देश को अर्पित कर दिया।' दरअसल 68 वर्षीय इस वियतनामी नेता की कहानी इंडो-चायना के मुक्ति-संघर्ष के जन्म व विकास की कहानी है।

लाजिमी तौर पर जनता के बीच का व्यक्ति होने के साथ-साथ हो एक ऐसे नेता थे जो जनता में आत्मविश्वास जगाते थे।

लखनऊ से प्रकाशित हिन्दी पत्र 'नवजीवन' ने राष्ट्रपति हो चि मिन्ह को 'क्रांतिकारी अतिथि' बताते हुए 8 फरवरी 1958 के अंक में लिखा:

वियतनाम जनतांत्रिक गणतंत्र के राष्ट्रपति डॉ. हो चि मिन्ह क्रांतिकारी मनोभाव, सादगी तथा आत्मानुशासन की प्रतिमूर्ति हैं...उनका क्रांतिकारी जीवन सैकड़ों-हजारों क्रांतिकारियों, मानवता-प्रेमियों तथा सिद्धान्तों के लिए सर्वस्व बलिदान कर देने वालों के लिए प्रेरणा का स्रोत है। स्वाधीनता के वातावरण में सांस ले रहा भारत हो चि मिन्ह के व्यक्तित्व के प्रति विशेष रूप से आकर्षित है। आज समस्त भारतीय जनता इस महानतम अतिथि के समक्ष श्रद्धा सहित शीश नवाती है। हो चि मिन्ह एशिया के उन चंद नेताओं की श्रेणी में आते हैं जिन्होंने एशिया के पुनर्जागरण में अपना अवदान दिया।

हिन्दी पत्र 'जागरण' (7 फरवरी 1958) ने लिखा:

आज भारत केवल वियतनामी जनता के नेता का नहीं बल्कि एशिया की जाग्रत जनता के नेता का भी स्वागत कर रहा है।

'आंध्र प्रभा' (9 फरवरी 1958) ने लिखा:

वे (हो चि मिन्ह) केवल एक ऐतिहासिक व्यक्तित्व नहीं बल्कि एशिया के इतिहास का एक हिस्सा भी हैं।

मुम्बई से प्रकाशित 'फ्री प्रेस जर्नल' ने 6 फरवरी के अंक में लिखा:

डॉ. हो चि मिन्ह को एशियाई मुक्ति का वास्तुकार माना जाता है और इसीलिए यहां उनका स्वागत है।

बी. एन. आजाद ने 'इंडियन नेशन' के 9 फरवरी 1958 के अंक में लिखा:

हवाई अड्डे पर जनता को किसी भव्य दृश्य की अपेक्षा रही होगी, परंतु वियतनामी जनतांत्रिक गणतंत्र के राष्ट्रपति एक आम इंसान की तरह पधारे, इसलिए नहीं कि वे अपनी सादगी का सिक्का जमाना चाहते थे, बल्कि इसलिए कि वही उनका वास्तविक व्यक्तित्व था।

बांग्ला पत्र 'युगांतर' (8 फरवरी, 1958) ने लिखा:

दिल्ली के लाल किला में अपने सम्मान में आयोजित स्वागत-समारोह में वियतनाम जनतांत्रिक गणतंत्र के राष्ट्रपति हो चि मिन्ह ने भारत की हजारों जनता के सामने यह प्रमाणित कर दिया कि वे सचमुच जनता के नेता हैं, कि वे अपने देश के असंख्य लोगों में से एक हैं।

8 फरवरी 1958 को दिल्ली से प्रकाशित 'हिन्दुस्तान' ने लिखा:

अपनी सादगी तथा प्रकृति प्रेम से डॉ. हो चि मिन्ह ने भारतीय जनता का दिल जीत लिया।

5 फरवरी 1958 के अंक में 'मिलाप' ने लिखा:

पिछले कुछ वर्षों में अन्य देशों से बहुतेरे अतिथि भारत-भ्रमण पर पधारे किन्तु उत्तर वियतनाम से पधारे इस अतिथि के समान अन्य कोई भी भारतीय जनता के दिलों में नहीं उतर पाया।

और उसी पत्र ने अंत में लिखा- हम यह निश्चित तौर पर कह सकते हैं कि उनके (हो चि मिन्ह) स्वदेश लौटने के बावजूद यह देश उन्हें नहीं भूल पाएगा।

जनरल गियाप का संस्मरण

हो चि मिन्ह के दो अन्यतम सहयोगी थे–फाम वान डौंग और जनरल वो न्गुएन गियाप। फाम वान डौंग ने राजनीतिक व आर्थिक मोर्चा सम्हाल रखा था तथा गुरिल्ला रणनीति के विशेषज्ञ जनरल गियाप सैन्य मोर्चे का नेतृत्व कर रहे थे। जब-जब भी हो चि मिन्ह का जिक्र आता है, डौंग और गियाप भी स्वतः स्मृति में आ जाते हैं। भारत के लोग भी इन दोनों की सुख्याति और वियतनाम के मुक्ति-संघर्ष में इनके अप्रतिम योगदान से भली भांति परिचित हैं।

इस लेखक को 1982 में डौंग से हनोई में तथा जनरल गियाप से 1990 में कोलकाता में अंतरंग संवाद का सौभाग्य प्राप्त हुआ जिसकी मधुर स्मृति हृदय में आज भी अंकित है।

हो चि मिन्ह से संबंधित जनरल गियाप का एक प्रेरक संस्मरण नीचे दिया जा रहा है:

हो चि मिन्ह ने वर्ष बिन्ह तुआत के वसंतोत्सव के अवसर पर जनता, योद्धाओं तथा युवकों व बच्चों के नाम तीन पत्र लिखे। यह वसंत मुक्त व स्वाधीन देश का पहला वसंत था। चाचा हो के विचार से यह टेट (वसंतोत्सव) सभी के लिए नवजीवन से परिपूर्ण होगा जिसमें धनी-गरीब, वृद्ध-युवा सभी के लिए खुशियां होंगी तथा मोर्चे पर लड़ रहे योद्धाओं के प्रति होगी गर्मजोशी।

टेट की पूर्व संध्या पर हनोई की गलियों के दोनों ओर के द्वार वर्ष की अंतिम रात को नियमानुसार बंद थे। हालांकि हर घर में उत्सव का माहौल था परन्तु जीवन में अभी भी दुश्वारियां थीं। धनी-गरीब हर घर में पितृभूमि की वेदिका को राष्ट्रीय ध्वज, राष्ट्रपति हो की तस्वीर, लालटेन

व फूलों से सजाया गया था। फ्रांसीसी शासन के अंतर्गत नगरवासियों को अधिकारियों की जो भेंट-पूजा करनी पड़ती थी, अब उसकी कोई चिंता नहीं थी। रीति के अनुरूप पूर्वजों को भेंट चढ़ाने के बाद हर परिवार में आपसी बातचीत के मुख्य विषय थे- राजनीति, अगले दिन होने वाली विशाल सभा, दक्षिण में चल रही लड़ाई। कुछ दिन पूर्व आत्मरक्षा मुख्यालय ने टेट के अवसर पर जो पत्र भेजे थे उनमें जनता को याद दिलाया गया था कि उत्सव के मौके पर वे उन योद्धाओं को याद रखें जो मोर्चे पर देश के लिए प्राणों की बाजी लगा रहे हैं। लोगों से यह अपील भी की गई थी कि वे टेट उत्सव को परंपरागत रूप से खुशी-खुशी मनाएं किन्तु मितव्ययिता से तथा नाम-बो में प्रतिरोधकारी समिति के समर्थन हेतु धन संचय करें।

नगर प्रशासन समिति के अध्यक्ष ने घर पर अभी रात्रिकालीन भोजन समाप्त किया ही था कि अप्रत्याशित रूप से चाचा हो का पदार्पण हुआ। दरअसल वे नव-वर्ष के उपलक्ष्य में राजधानी के लोगों से मिलने निकले थे।

सुहानी बूंदा-बूंदी हो रही थी। गलियां सूनी-सूनी थीं और आतिशबाजी की गंध से महक रही थीं। गलियों की रोशनी में लाल झंडे चमक रहे थे।

कॉमरेड हुंग चाचा हो को कुआ-नाम स्ट्रीट के एक परिवार में ले कर गए। परिवार के मुखिया एक आत्मरक्षा टुकड़ी के कमांडर थे तथा परिवार के सभी सदस्य विभिन्न देशभक्त संगठनों में सक्रिय थे।

इसके बाद चाचा हो ने श्रमिकों के आवास का दौरा करने की इच्छा जताई। उन्होंने कहा कि वे किसी अत्यंत निर्धन परिवार को देखना चाहते हैं। नगर में अभी भी कई निर्धन परिवार थे, परंतु सवाल यह था कि चाचा हो किस परिवार में जाएं?

चाचा हो ने गाड़ी सिन्ह तू सड़क से लगती हुई पतली सी हांग दुआ गली के सामने रुकवाई। ये छोटी-छोटी सड़कें व पतली-पतली गलियां नगर का वह दूसरा चेहरा थीं जिनके बारे में पिछले सौ वर्षों में उपनिवेशवादियों ने कुछ सोचा ही नहीं। पानी का नल या सड़क की बत्ती तक नहीं लगवाई।

रात अंधेरी थी। रास्ता ऊबड़-खाबड़ और बारिश के कारण कीचड़ भरा था। नीची छतों से लटके हुए झंडे राहगीरों के सिर छू रहे थे। चाचा हो गली में आगे बढ़े। एक दरवाजा थोड़ा सा खुला था जिससे एक ढिबरी नजर आ रही थी। वह रुके और फिर प्रवेश किया।

घर कुछ भीड़ भरा था, क्योंकि उसमें एक साथ कई परिवार रहते थे। बीच की दीवार पर राष्ट्रीय ध्वज टंगा था और टंगी थी चाचा हो की तस्वीर व एक बंदनवार (फेस्टून)। जब छड़ी के सहारे ऊंचे कॉलर की खाकी जैकेट पहने एक वृद्ध को अंदर आते देखा तो लोगों का वार्तालाप रुक गया। पहले तो उन्होंने आपस में एक दूसरे की ओर यह सोच कर देखा कि आगंतुक उनमें से किसी का मेहमान है। चाचा हो ने उनसे टेट-उत्सव की तैयारियों के बारे में पूछा तो उन्होंने खुशी के साथ उत्तर दिया और आंगन के एक कोने में पक रहे चावल के केक 'बान्ह चुंग' की ओर इशारा कर दिखाया। चाचा हो की आंखों में भी खुशी की चमक नजर आई। उन्होंने जब शुभकामना के कुछ शब्द कहे तब अचानक सभी को यह सुखद आश्चर्य हुआ कि आगंतुक कोई और नहीं स्वयं राष्ट्रपति हो थे जो खुशी के अवसर पर उनसे मिलने आये थे। उनके लिए यह एक खूबसूरत सपना सा था। उन्हें लगा दीवार पर टंगे चित्र से मानो निकल कर उनके बीच पधारे हों राष्ट्रपति उनके साधारण से घर में। सारी आंखें उन पर स्थिर थीं, कोई कुछ बोल नहीं पा रहा था। सन्नाटे को तोड़ते हुए चाचा हो ने कहा- 'हमारे देश ने अभी-अभी आजादी हासिल की है। दक्षिण अभी भी शत्रु से लड़ रहा है। हमारे मेहनती लोग अभी कठिनाइयों के दौर से गुजर रहे हैं किन्तु शीघ्र ही आजादी के साथ हमें सब कुछ हासिल होगा।'

घर में सभी को भावुक व वाकअवरुद्ध छोड़ वह निकल आये। सभी द्वार तक उनके पीछे-पीछे आये और काफी देर तक उन्हें जाते हुए देखते रहे।

उस रात चाचा हो अनाहूत बेशुमार जगहों पर गये। स्वाधीनता के प्रथम बसंत के अवसर पर वह नगर के बहुतेरे परिवारों में खुशियां लाना चाहते थे। हा-लौंग स्ट्रीट स्थित एक सरकारी कर्मचारी के घर जब वे

पहुंचे तो काफी देर हो चुकी थी। मसहरियां टांग सभी सोने की तैयारी कर रहे थे। अलगनी पर कपड़े लदे थे। किसी को उम्मीद ही नहीं थी कि ऐसे वक्त कोई मिलने भी आ सकता है, और वह मुलाकाती देश का राष्ट्रपति होगा, इसकी तो किसी ने कल्पना भी नहीं की थी।

इस प्रकार पूरा हुआ नव-वर्ष की पूर्व-संध्या पर चाचा हो का दौरा। अगले दिन यानी नव-वर्ष के दिन वे अत्यंत व्यस्त हो जाएंगे, पार्टी की केंद्रीय समिति, सरकार व विभिन्न संस्थाओं के प्रतिनिधियों से मिलेंगे, म्यनिसिपल थिएटर पर आयोजित नागरिकों की विशाल रैली में उपस्थित होंगे, नेशनल डिफेंस गार्ड्स की एक टुकड़ी से मिलने जाएंगे व उनसे वार्तालाप करेंगे, पायनियर्स गार्डेन में बच्चों के साथ कुछ समय बिताएंगे और फिर बाक-बो पैलेस के रक्षकों के साथ नैशभोज करेंगे।

राष्ट्रपति जब लौट आये तो नगर समिति के अध्यक्ष कॉमरेड हुंग घर को लौटे। आधी रात के वक्त वह नववर्ष का आगमन देखने होआन किएम झील पहुंचे। सांझ के झुटपुटे में जो सड़कें जनशून्य हो गई थीं उन पर अभी काफी व्यस्तता नजर आ रही थी। हर कोई स्वाधीनता के प्रथम वसंत की शुद्ध हवा में सांस लेना चाह रहा था। नववर्ष की पूर्वसंध्या पर इतना उल्लास और उत्साह पहले कभी नहीं था।

वसंत की अगवानी में नगर में हर कहीं आतिशबाजियां फूट रही थीं। कॉमरेड हुंग जनप्रवाह का अनुसरण करते-करते न्गोक सन् टेम्पल पहुंचे। जब वह मंदिर में प्रवेश कर रहे थे, उन्होंने लंबे लबादे में ऊनी स्कार्फ से चेहरा लपेटे हुक ब्रिज पार करती व्यस्त भीड़ में एक बुजुर्ग व्यक्ति को देखा जिसकी चमकीली आंखों को देखते ही उन्होंने पहचान लिया कि वह कोई और नहीं स्वयं राष्ट्रपति थे। चाचा हो भी धीरे-धीरे मंदिर में प्रवेश करती भीड़ के पीछे चल रहे थे। नगर समिति के अध्यक्ष की नजर जब पास ही खड़े एक अन्य व्यक्ति पर पड़ी तो उसने धीरे से कनखी मारी। यह व्यक्ति राष्ट्रपति का अंग-रक्षक था। चाचा हो नहीं चाहते थे कि लोग उन्हें पहचानें।

इस प्रकार चाचा हो ने देखा कि क्रांतिकर्मियों के परिवारों में वसंत किस प्रकार आया। उन्होंने यह भी देखा कि वसंत का आगमन एक मजदूर

के घर में, एक गरीब सरकारी कर्मचारी के परिवार में किस प्रकार हुआ। और अब वह देखना चाह रहे थे कि स्वाधीनता के वसंत का आगमन होआन किएम झील के बीच हनोईवासियों के अत्यंत परिचित इस मंदिर की ओर आ रही भीड़ में किस प्रकार हो रहा था।...

यह सब कुछ मुझे बाद में उन लोगों ने बताया जो नव-वर्ष की पूर्व संध्या पर चाचा हो के साथ थे। नववर्ष की परवर्ती पूर्वसंध्याओं पर इस प्रकार की यात्रा चाचा हो की आदत बन गई। आम तौर पर वे उन लोगों के बीच जाते थे जो क्रांतिसेवी होते थे, जिनके बच्चे सशस्त्र सेनाओं में थे या जो कठिन स्थितियों में काम करते मजदूर होते थे। उनकी यात्राएं हमेशा पूर्व निर्धारित नहीं होती थीं। वे उन परिवारों को अनपेक्षित, आकस्मिक खुशियां देना चाहते थे। वह त्यौहारों के अवसर पर परिवारों के वास्तविक माहौल का भी जायजा लेना चाहते थे।

जीवन-कालक्रम

1890	19 मई को हो चि मिन्ह का जन्म
1900	हो की माता का देहांत
1909	हो की दक्षिण में कोचिनचायना की यात्रा
1911	समुद्र-यात्रा पर फ्रांसीसी जहाज से पेरिस रवाना
1912	अमरीकी बंदरगाहों की यात्रा
1913	लंदन गमन
1915	लिवरपूल की यात्रा
1917	पेरिस की यात्रा
1919	वर्साइलेस शांति सम्मेलन में आवेदन
1920	भ्रमण सम्मेलन का संबोधन, फ्रेंस कम्युनिस्ट पार्टी में सम्मिलित
1924	मास्को जाकर कम्युनिस्ट इंटरनेशनल की पांचवीं कांग्रेस में भाग लेना
1925	चीन-यात्रा
1926	थान्ह निएन को संगठित करना
1928	सियाम जाना व मास्को भ्रमण
1930	हांककांग में इंडोचायनीज कम्युनिस्ट पार्टी की स्थापना/आम सहमति से वियतनामी जनता के नाम पहली अपील जारी की।
1931	हांगकांग में ब्रिटिश अधिकारियों द्वारा गिरफ्तार फिर अंतरराष्ट्रीय संगठनों के प्रतिवाद पर रिहा।
1933	मास्को जाना
1934	लेनिन स्कूल में हाजिर होना
1935	कम्युनिस्ट इंटरनेशनल की सातवीं कांग्रेस में भाग लेना

इंडो-चायनीज कम्युनिस्ट पार्टी की पहली कांग्रेस के लिए संभवतः मकाओ जाना

1939 येनान तथा कुनमिंग के दक्षिण-पश्चिम का भ्रमण; यूरोप में द्वितीय महायुद्ध का प्रारंभ

1940 फ्रांस का पतन; जापानी फौज द्वारा इंडो-चायना पर कब्जा

1941 हो का चीन से पुनः वियतनाम प्रवेश; बाक-बो में वियतमिन्ह की स्थापना

1942 चीन में पुनरागमन; क्वांग-सी प्रशासन द्वारा गिरफ्तार व जेल में बंद

1944 रिहाई; चीनी राष्ट्रवादियों से समझौता; डोंग मिंग होइ की स्थापना

1945 द्वितीय विश्वयुद्ध का अंत; अगस्त में स्वाधीनता की घोषणा व अंतरिम मंत्रिमंडल का गठन

1946 फ्रांस द्वारा हो के वियतनाम गणतंत्र को मुक्त राष्ट्र के रूप में मान्यता; दिसंबर में फ्रांसीसियों व वियतमिन्ह के बीच युद्ध

1949 बाओदाइ के अंतर्गत फ्रांस द्वारा 'पपेट स्टेट आफ वियतनाम' की स्थापना

1950 हो के वियतनाम जनतांत्रिक गणतंत्र को पहले चीन जनतांत्रिक गणतंत्र फिर सोवियत संघ की मान्यता

1953 स्टालिन की मृत्यु के पश्चात् जेनेवा सम्मेलन

1954 दिएन बिएन फू में फ्रांस की पराजय; न्गो दिन्ह दिएम दक्षिण वियतनाम के राष्ट्राध्यक्ष बनाए गए; जेनेवा समझौते पर हस्ताक्षर; वियतनाम का विभाजन

1956 दिएम द्वारा प्रस्तावित चुनाव खारिज

1956 फ्रांसीसी सेना की दक्षिण से वापसी; चुनाव की अंतिम तिथि का बीतना

1957 दिएम के आतंक का दक्षिण में पहला प्रतिरोध

1959 इस प्रतिरोध आंदोलन को हो के निर्णय पर उत्तर का सहयोग

1961 अमरीकी राष्ट्रपति केनेडी का दिएम को सैन्य मदद का आश्वासन

1963 दिएम की हत्या; केनडी की हत्या

1965 अमरीकी श्वेत पत्र द्वारा सैन्य-कार्रवाई में वृद्धि की तैयारी; अमरीका में युद्ध रोकने के लिए विशाल प्रतिवाद; अमरीकी बम-वर्षण में द्वितीय विराम

1966 हो की द गाल से अपील; सेंटेनी का हनोई गमन; उत्तर पर अमरीकी बम-वर्षण फिर शुरू

1968 अमरीका पर वियतनाम से सैन्य प्रत्याहार के लिए विशाल जनमत का भीषण दबाव

1969 मई में वियतनाम से अमरीकी सैन्य प्रत्याहार; 2 सितंबर को हो का निधन

1975 30 अप्रैल वियतनाम मुक्ति-युद्ध की पूर्ण विजय। उत्तर व दक्षिण वियतनाम का एकीकरण।

संदर्भ ग्रंथ सूची

1. हो चि मिन्ह / ले. ज्यां लाकुतुरे / प्रकाशक–पेंग्विन
2. हो चि मिन्ह / ले. येवजेनि कोबेलेव / प्रकाशक–प्रोग्रेस पब्लिशर्स, मास्को
3. हो चि मिन्ह / प्रकाशक–फॉरेन लैंग्वेज पब्लिशिंग हाउस, हनोई
4. हो चि मिन्ह बायोग्राफी / प्रकाशक–द गिओई पब्लिशर्स, हनोई
5. हो चि मिन्हः युनिवर्सल एम्बेसेडर ऑफ वियतनाम / प्रकाशक–हो चि मिन्ह म्यूजियम, हनोई
6. हो चि मिन्ह (टी लान)–स्टोरीज टोल्ड ऑन द ट्रेल / प्रकाशक–द गिओई पब्लिशर्स, हनोई
7. हो चि मिन्हः वियतनाम की राष्ट्रीय मुक्ति के नायक और मनीषी / प्रकाशक–भारत स्थित समाजवादी गणतांत्रिक वियतनाम का दूतावास, नई दिल्ली
8. हो चि मिन्ह ओ वियतनामेर मुक्ति जुद्धो / ले.–अनुनय चट्टोपाध्याय/ प्रकाशक–प्रोग्रेसिव पब्लिशर्स
9. प्रिजन डायरी / ले.–हो चि मिन्ह / प्रकाशक–फॉरेन लैंग्ज पब्लिशिंग हाउस, हनोई
10. हिस्ट्री ऑफ द कम्यिस्ट पार्टी ऑफ वियतनाम / प्रकाशक–फॉरेन लैंग्वेज पब्लिशिंग हाउस, हनोई
11. वियतनाम बिप्लबेर काहिनी / ले.–अनिरूद्ध चक्रवर्ती / प्रकाशक–नेशनल बुक एजेंसी
12. वियतनाम ओ कोलकाता / संग्रहकर्ता–रामकृष्ण चट्टोपाध्याय / प्रकाशक–प.बं. इतिहास संसद

13. कंटेम्परेरी वियतनाम / ले.–न्गुएन खाक विएन / प्रकाशक–फॉरेन लैंग्वेज पब्लिशिंग हाउस, हनोई
14. हो चि मिन्ह एंड स्ट्रगल फॉर एन इंडिपैंडेंट वियतनाम / ले.–विलियम वारबी / प्रकाशक–रूपा एंड कम्पनी इन कंजंक्शन विद मर्लिन प्रेस लिमिटेड, लंदन
15. विज़न एकंप्लिश्ड? द एनिग्मा ऑफ हो चि मिन्ह / ले.–खाक हुएन /प्रकाशक–द मैकमिलन कंपनी, न्यूयार्क, कोलियर मैकमिलन लि., लंदन
16. प्रेस बुकऑन हो चि मिन्हस विजिट टु इंडिया एंड बर्मा–1958/ प्रकाशक–फॉरेन लैंग्वेज पब्लिशिंग हाउस, हनोई
17. प्रेसिडेंट हो चि मिन्हस विजिट टु द रिपब्लिक ऑफ इंडिया एंड यूनियन ऑफ बर्मा / प्रकाशक–ऑफिशियल डाक्युमेंट्स, फरवरी 4-17, 1958
18. हो चि मिन्ह–डाउन विद कोलोनियलिज्म / ले.–वाल्देन बेलो / प्रकाशक–वर्सो, लंदन, न्यूयार्क
19. हो चि मिन्ह : ए ब्रिलियेंट थिंकर / ले.–सोंग थाह / प्रकाशक–द गिओई पब्लिशर्स, हनोई
20. वियतनामीज लिटरेचर : हिस्टोरिकल बैकग्राउंड एंड टेक्स्ट / ले.–न्गुएन खाक विएन एंड हू न्गोक प्रकाशक–रेड रिवर, फॉरेन लैंग्वेज पब्लिशिंग हाउस, हनोई

□□□

कुछ दुर्लभ चित्र

कोलकाता के हो चि मिन्ह सरणी के निकट हो चि मिन्ह स्क्वायर में स्थापित हो चि मिन्ह की मूर्ति जिसका अनावरण उनके जन्म-शताब्दी वर्ष 1990 में जनरल वो न्गुएन गियाप ने किया।

Ho Chi Minh bust at the Ho Chi Minh Square Kolkata, near Ho Chi Minh Sarani, which was unveiled on the occasion of his Birth Centenary by Gen. Vo Nguyen Giap.

हो चि मिन्ह सरणी, कोलकाता के प्रवेश स्थल पर लगा फलक।

A Plaque at the entry point of Ho Chi Minh Sarani, Kolkata.

पालम हवाई अड्डे पर विमान से उतरते हुए राष्ट्रपति हो चि मिन्ह।

President Dr. Ho Chi Minh alighting from the aeroplane at Palam Airport.

हो चि मिन्ह का स्वागत करते हुए जवाहरलाल नेहरू, साथ में हैं डॉ. राजेन्द्र प्रसाद, लाल बहादुर शास्त्री, इंदिरा गांधी, वी.के. कृष्णमेनन व अन्य नेतागण।

Dr. Ho Chi Minh being welcomed by Jawaharlal Nehru along with Dr. Rajendra Prasad, Lal Bahadur Shastri, Indira Gandhi, V. K. Krishnamenon and other leaders.

डॉ. हो चि मिन्ह को स्वागत मंच की ओर ले जाते हुए जवाहरलाल नेहरू।

Dr. Ho Chi Minh being escorted to welcome podium by Jawahar Lal Nehru.

सलामी लेते हुए राष्ट्रपति डॉ. हो चि मिन्ह।

President Dr. Ho Chi Minh acknowledging salutation.

डॉ. हो चि मिन्ह राष्ट्रपति भवन जाते हुए। पार्श्व में संसद भवन।

Dr. Ho Chi Minh on way to Rashtrapati Bhavan. Parliament House is in the background.

राजघाट पर महात्मा गांधी को श्रद्धासुमन अर्पित करते हुए डॉ. हो चि मिन्ह।

Dr. Ho Chi Minh paying floral tribute to Mahatma Gandhi at Rajghat.

राजघाट पर पौधा रोपते हुए डॉ. हो चि मिन्ह।

Dr. Ho Chi Minh planting sapling at Rajghat.

राष्ट्रपति भवन में डॉ. हो चि मिन्ह का स्वागत करते डॉ. राजेन्द्र प्रसाद।

Dr. Rajendra Prasad welcoming Dr. Ho Chi Minh at Rashtrapati Bhawan.

डॉ. हो चि मिन्ह के सम्मान में आयोजित नागरिक सम्मान समारोह को संबोधित करते जवाहरलाल नेहरू।

Jawahar Lal Nehru addressing the civic reception in honour of Dr. Ho Chi Minh

जन-अभिनंदन स्वीकार करते हुए डॉ. हो चि मिन्ह।

Dr. Ho Chi Minh acknowledging the civic greetings.

डॉ. हो चि मिन्ह के नागरिक सम्मान में उमड़ी विशाल भीड़।

Massive gathering at Dr. Ho Chi Minh's civic reception.

शांति का प्रतीक कबूतर उड़ाते हुए डॉ. हो चि मिन्ह।

Dr. Ho Chi Minh flying pigeon, symbol of peace.

डॉ. हो चि मिन्ह एक सांस्कृतिक कार्यक्रम को सराहते हुए।

Dr. Ho Chi Minh applauding a cultural programme.

बाल उद्यान नई दिल्ली में बच्चों के बीच डॉ. हो चि मिन्ह।

Dr. Ho Chi Minh among children at the Children Park, New Delhi.

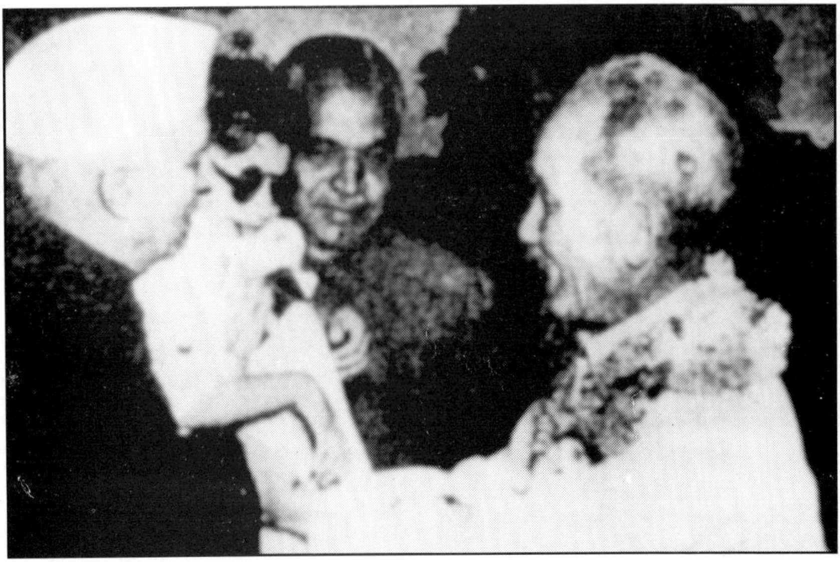

बाल उद्यान, नई दिल्ली में दृष्टिहीन बालक को दुलारते डॉ. हो चि मिन्ह।

Dr. Ho Chi Minh fondling a blind child at the Childen Park, New Delhi.

पुराना किला, दिल्ली का परिभ्रमण करते डॉ. हो चि मिन्ह।

Dr. Ho Chi Minh visiting the Old Fort, Delhi.

संयुक्त विज्ञप्ति पर हस्ताक्षर करते हुए डॉ. हो चि मिन्ह व जवाहरलाल नेहरू।

Dr. Ho Chi Minh and Jawaharlal Nehru signing the joint communique.

विशेष रेलगाड़ी से आगरा के रास्ते मथुरा स्टेशन पर इंजन चालक को गले लगाते हुए डॉ. हो चि मिन्ह।

Dr. Ho Chi Minh embracing the locodriver of his special train at Mathura Station on his way to Agra.

HOME DELIVERY.

LATE CITY EDITION

The Statesman.

PUBLISHED SIMULTANEOUSLY FROM CALCUTTA AND DELHI

Vol. CXII. No. 22743

CALCUTTA, TUESDAY, JUNE 4, 1946.

MUSLIM LEAGUE LIKELY TO

INDIA PLAN

Working Committee Discussions

CLARIFICATION TO BE SOUGHT

Mr. Jinnah Interviews Viceroy Twice

FROM OUR SPECIAL REPRESENTATIVE

NEW DELHI, June 3.—Present indications are that the Muslim League may accept the Cabinet Mission's proposals subject to clarification of certain points. This is the impression gathered after tonight's meeting of the League Working Committee.

DEMOCRAT FORCES ATTACK PERSIAN TROOPS

REPORT OF RENEWED FIGHTING IN KURDISTAN CONFIRMED

2 व 3 जून, 1946 को हो चि मिन्ह पैरिस के रास्ते कोलकाता में ठहरे थे। स्थानीय अंग्रेजी दैनिक द स्टेटसमैन के 4 जून के अंक में प्रकाशित चित्र।

Ho Chi Minh visited Kolkata on 2-3rd June 1946 on his way to Paris. Local English daily ' The Statesman' published his photograph along with other members of his delegation.

फरवरी 1958 में कोलकाता के दमदम हवाई अड्डे पर डॉ. हो चि मिन्ह का स्वागत करतीं पश्चिम बंगाल की राज्यपाल सुश्री पद्मजा नायडू।

Ms. Padnaja Naidu, the Governor of West Bengal welcoming Dr. Ho Chi Minh at the Dumdum Airport of Kolkata.

कोलकाता के टाउन हॉल में डॉ. हो चि मिन्ह के सम्मान में आयोजित स्वागत समारोह को सम्बोधित करतीं पश्चिम बंगाल की राज्यपाल सुश्री पद्मजा नायडू।

Ms. Padmaja Naidu, Governor of West Bengal addressing a reception at the Town Hall in honour of Dr. Ho Chi Minh.

कलकत्ता नगर निगम द्वारा आयोजित नागरिक सम्मान समारोह में डॉ. हो चि मिन्ह को प्रशस्ति-पत्र भेंट करते महापौर डॉ. त्रिगुणा से।

Mayor Dr. Triguna Sen presenting a scroll to Dr. Ho Chi Minh at the Civic Reception accorded to him by Calcutta Corporation.

कोलकाता नगर निगम के नागरिक अभिनंदन में आभार व्यक्त करते हुए डॉ. हो चि मिन्ह।

Dr. Ho Chi Minh. acknowledging the Civic Reception accorded to him by Calcutta Corporation.

नागरिक सम्मान समारोह में उपस्थित रणमित्र सेन, जो कोलकाता में 21 जनवरी, 1947 को वियतनाम के समर्थन में आयोजित वियतनाम दिवस पर पुलिस की गोली से आहत हुए थे, को गले लगाते हुए डॉ. हो चि मिन्ह।

Dr. Ho Chi Minh embracing Ranamitra Sen, who was hit by Police bullet on 21st January 1947 while demostrating on Vietham Day and who was present at the Civic Reception.

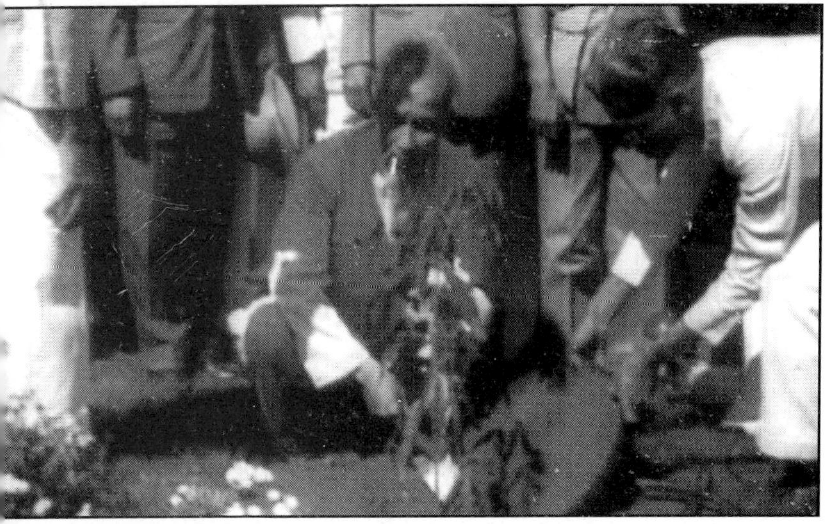

राजभवन कोलकाता में वृक्षारोपण करते डॉ. हो चि मिन्ह।

Dr.Ho Chi Minh planting a sapling at Raj Bhawan, Kolkata.

महाबोधि सोसायटी में वार्तारत डॉ. हो चि मिन्ह।

Dr.Ho Chi Minh in dialogue with Mahabodhi Society.

कलकत्ता स्कूल ऑफ ट्रॉपिकल मेडिसीन्स का परिदर्शन कर अतिथि–पुस्तिका पर अपनी सम्म
लिखते हुए डॉ. हो चि मिन्ह।

Dr.Ho Chi Minh writing his comments in the Visitor's Book at Calcutta School
Tropical Medicines.

अंबर चरखे का मनोयोग से निरीक्षण करते डॉ. हो चि मिन्ह।

Dr.Ho Chi Minh minutely inspecting the Ambar Charkha (spinning wheel).

मिल्क-डेयरी (हरिनघाटा) का निरीक्षण करते डॉ. हो चि मिन्ह।

Dr.Ho Chi Minh inspecting Milk dairy (Haringhata).

भारत भ्रमण के समापन पर कलकत्ता में सरकारी अधिकारियों व कर्मचारियों के साथ फर्श पर बै
राष्ट्रपति डॉ. हो चि मिन्ह।

President Ho Chi Minh squatting on floor along with the government employee
and officials in Kolkata on conclusion of his journey.

अलविदा! भारत।
दमदम हवाई अड्डे से प्रस्थान करते हुए डॉ. हो चि मिन्ह।

Good Bye India!
Dr.Ho Chi Minh on his departure at Dumdum Airport.

डॉ. हो चि मिन्ह के नेतृत्व में गठित वियतनाम जनतांत्रिक गणतंत्र का पहला मंत्रिमंडल।

The first cabinet of ministers of Democratic Republic of Vietnam headed by Dr.Ho Chi Minh.

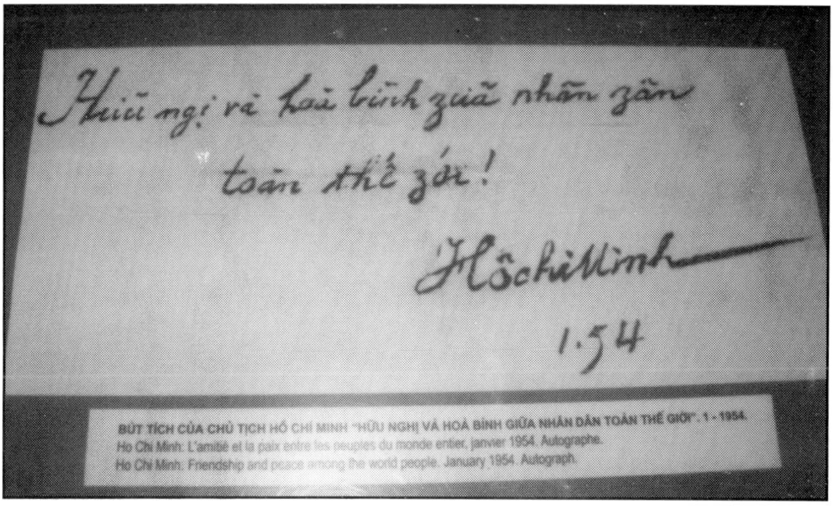

डॉ. हो चि मिन्ह द्वारा विश्व की जनता को मैत्री व शांति के लिए जनवर, 1954 को हस्तलिखित व हस्ताक्षरित संदेश।

(सौजन्य : हो चि मिन्ह संग्रहालय, हनोई)

Message for friendship and peace among world people handwritten and signed by Dr.Ho Chi Minh in January 1954.

(Courtesy : Ho Chi Minh Museum, Hanoi)

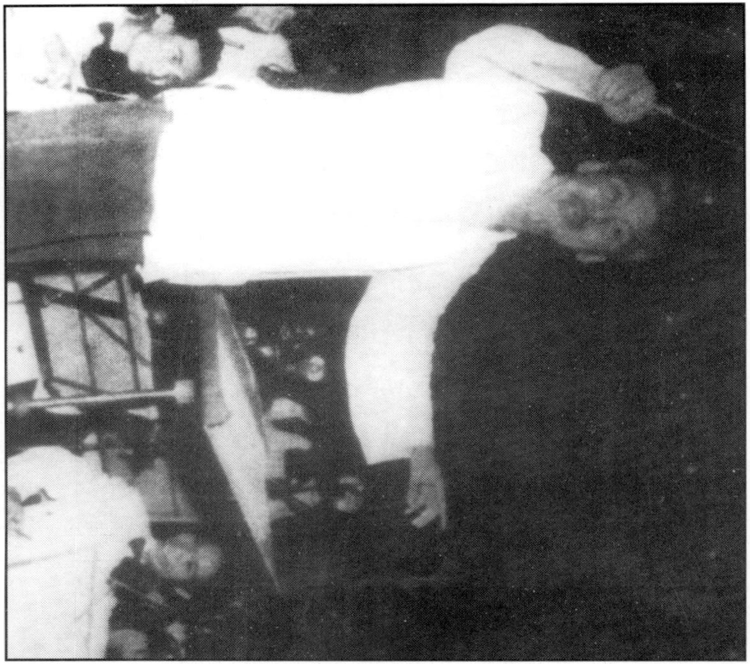

संगीत संचालन करते डॉ. हो चि मिन्ह।

(सौजन्य : हो चि मिन्ह संग्रहालय, हनोई)

Dr.Ho Chi Minh Conducting an orchestra.

(Courtesy : Ho Chi Minh Museum, Hanoi)

शोषण का प्रतीक। डॉ. हो चि मिन्ह द्वारा बनाया एक पेन-स्केच।

(सौजन्य : हो चि मिन्ह संग्रहालय, हनोई)

Symbol of Exploitation. A pen-sketch by Dr.Ho Chi Minh.

(Courtesy : Ho Chi Minh Museum, Hanoi)

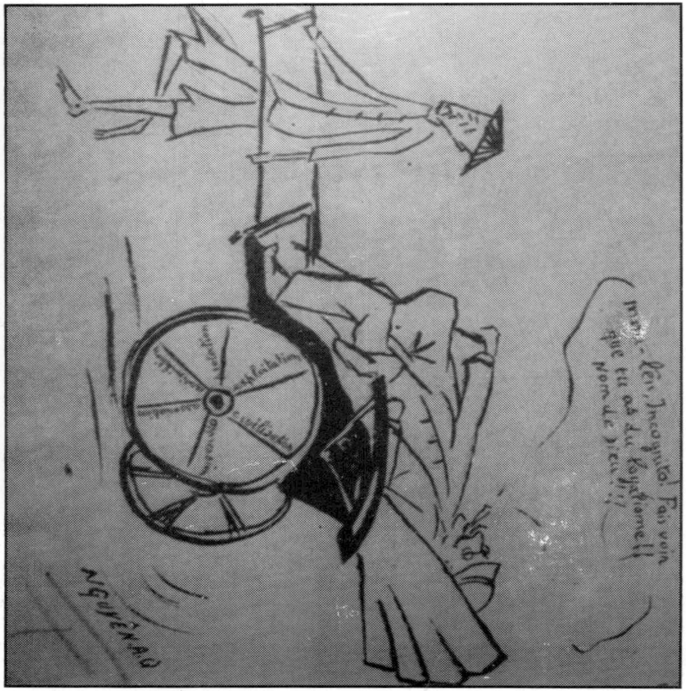

मार्शल आर्ट का अभ्यास करते हुए डॉ. हो चि मिन्ह। *(सौजन्य : हो चि मिन्ह संग्रहालय, हनोई)*

Dr.Ho Chi Minh practising martial art. *(Courtesy : Ho Chi Minh Museum, Hanoi)*

अपने आवास परिसर के तालाब में मछलियों को दाना खिलाते हुए डॉ. हो चि मिन्ह।

Dr. Ho Chi Minh feeding the fishes at a tank situated in his residential complex.

मुक्ति योद्धाओं का मनोबल बढ़ाने पैदल मोर्चे की ओर जाते हुए हो चि मिन्ह।
Dr.Ho Chi Minh walking twards the front to boost the moral of the freedom fighters.

झोपड़ीनुमा अस्थायी आवास के बाहर रणनीति बनाते हुए राष्ट्रपति हो चि मिन्ह।
President Ho Chi Minh preparing war strategy in front of a hut, where he temporarily stayed during war.

साहब होंगे? जैसा कि पिछले दिनों राजधानी में हुआ था, यह सवाल उठकर, थोड़ी-सी उत्सुकता जगाकर फिर शान्त हो जाएगा—उस तसवीर का भ्रम टूटने का दुख जनसाधारण बर्दाश्त नहीं कर सकते।

पर नेहरू के बाद कौन होगा, इसका जवाब यह भी सही नहीं है कि नेहरू के बाद भारत। भारत तो अभी भी है और गालिबन नेहरू के पहले ही है बाद में नहीं; लेकिन सवाल यह था कि नेहरू के बाद प्रधानमंत्री कौन होगा। चीन और पाकिस्तान से अपनी रक्षा करने और पंचवर्षीय योजनाओं के लिए साधन जुटा सकने में हम जितने सफल होंगे उतना ही यह सवाल आसान होगा, क्योंकि मंत्रिमंडल में 'सिनियारिटी जूनियारिटी' के हिसाब से तरक्की भले होती हो मगर प्रधानमंत्री पद के लिए तो वही आदमी खड़ा हो सकेगा, जो जनता का प्यारा हो।

नेहरू जी ने इस तरह से अपनी जिन्दगी अब तक गुजारी है कि वह आगे के लिए एक शर्त बन गई है। इधर दिल्ली में राजनीतिक ताक-झाँक करनेवाले संवाददाताओं ने नोट किया है कि रक्षा और रुपया, दोनों मामलों से सम्बन्ध रखनेवाले मंत्री, जनता के कुछ अधिक सम्पर्क में आ भी चले हैं। दोनों के लिए अलग-अलग वर्गों में 'श्रद्धा' का विकास हो चला है। यह 'श्रद्धा' एक विशाल अशिक्षित जनसमुदाय के लिए हितकर भी है, नहीं तो मुट्ठीभर पढ़े-लिखे आदमी जब चाहें तब जनता को जिधर चाहें उधर हाँकने न लगें?

[26.8.62]

❒

जिस समय मैं यह लिख रहा हूँ, दिल्ली पर एक अजब तरह का मौसम छाया हुआ है। आती हुई गर्मियों की निशानी, उचटा हुआ मन, भविष्य की चिन्ता, बढ़े हुए करों का बोझ और खाली सड़कों पर हवा से एक ओर बटोरे हुए पीले पत्ते, ये सब राजेन्द्र बाबू के शोक में ताने-बाने की तरह बिने हुए से जान पड़ते हैं। जिस सूनेपन से आज राजधानी भरी हुई नजर आती है, वह राजेन्द्र बाबू के न रहने से उत्पन्न शून्य का ही प्रतीक मालूम होता है।

नेहरू जी को आज सवेरे गंगानगर जाना था, वह गए। डॉक्टर राधाकृष्णन पटना चले गए। संयोग से लालबहादुर जी नेपाल जाते हुए कल पटना रुके थे, उन्होंने नेपाल यात्रा एक दिन के लिए स्थगित कर दी है। शाम को रेवरेंड माइकेल स्काट और जयप्रकाश नारायण राजघाट की समाधि से पैदल पीकिंग को रवाना होंगे—शान्ति मार्च पर। इस योजना का भी जैसे राजेन्द्र बाबू के निधन से कोई सांकेतिक सम्बन्ध है—वह शान्तिपूर्वक आन्दोलन करने की उसी पुरानी परम्परा का शायद

अन्तिम दृष्टान्त है जिसमें राजेन्द्र बाबू की गहरी निष्ठा थी और जो उनके जैसे पुरुषों के हाथों संस्कृत हुई थी।

आज सवेरे संसद में श्रद्धांजलियाँ अर्पित की जा रही थीं : 'वज्र से कठोर कुसुम से कोमल', 'सच्चे भारतीय', 'विभिन्नताओं में सामंजस्य के सूत्र', 'विदेह', 'निस्पृह' इस तरह के शब्दों के पीछे, मैंने लक्ष्य किया, एक सम्पूर्ण युग का वृत्त है। राजेन्द्र बाबू से इन वक्ताओं में से अधिकांश का बरसों पुराना सम्बन्ध था—राजनीतिक सहयोगी और विरोधी दोनों नातों से वे उनके लिए कातर थे, पर व्यक्ति से अधिक जो उन्होंने खोया था, वह इतिहास से अपना अपनापा खोया था। आजादी की लड़ाई का बेलौस दीवानापन, निडर मस्ती, अहिंसा का आध्यात्मिक तेज, सत्ता पर संयम और भीतर-बाहर एक रहने पर आग्रह ये सब उस दौर के प्रतिमान थे जिसमें जो काम होता था, धुन के पीछे पड़कर होता था सरकारी प्रोत्साहन से नहीं, और सत्य के लिए आग्रह हर काम को बेईमानी से दूर रखता था, मानो पथभ्रष्ट होने पर देश को जवाब देना पड़ेगा। उस युग के राजेन्द्र बाबू ऐसे अन्तिम प्रतिनिधि थे, जिन्होंने स्वतंत्रता के बाद भी उन्हीं परम्पराओं का पोषण किया। 1947 के बाद के इन 15 वर्षों को उन्होंने एक छोटे तथापि महत्त्वपूर्ण युग का रूप दे दिया है, जिसमें संविधान की मर्यादाओं, राष्ट्रपति के आदर्शों और सत्ता के सदुपयोग की नई परम्पराएँ उन्होंने डाल दी हैं।,

[1.3.63]